U0628688

名师名校名校长

凝聚名师共识
回应名师关怀
打造名师品牌
培育名师群体

配明远题

从校本出发：

叶兰香 主编

课堂改革的实践与探索

山西出版传媒集团
山西人民出版社

图书在版编目（CIP）数据

从校本出发：课堂改革的实践与探索 / 叶兰香主编.

太原：山西人民出版社, 2024. 12. -- ISBN 978-7-203-

13773-3

Ⅰ. G632.421

中国国家版本馆CIP数据核字第2024SY5181号

从校本出发：课堂改革的实践与探索

主　　编：叶兰香
责任编辑：贾　娟
复　　审：李　鑫
终　　审：梁晋华
装帧设计：言之凿

出 版 者：山西出版传媒集团·山西人民出版社
地　　址：太原市建设南路21号
邮　　编：030012
发行营销：0351－4922220　4955996　4956039　4922127（传真）
天猫官网：https://sxrmcbs.tmall.com　电话：0351－4922159
E－mail：sxskcb@163.com　发行部
　　　　　sxskcb@126.com　总编室
网　　址：www.sxskcb.com

经 销 者：山西出版传媒集团·山西人民出版社
承 印 厂：北京政采印刷服务有限公司

开　　本：710mm×1000mm　　1/16
印　　张：15.75
字　　数：265千字
版　　次：2024年12月　第1版
印　　次：2024年12月　第1次印刷
书　　号：ISBN 978-7-203-13773-3
定　　价：58.00元

编 委 会

前言

　　广东省基础教育校本教研基地（阳山县韩愈中学）项目是2021年4月成功申报的广东省第一批基础教育校本教研基地。项目自设立以来，在省、市、县三级教研部门的正确领导下，认真贯彻省教育厅关于教研基地建设的有关要求，有序推进基地项目的各项研究任务。经过三年的努力，现已完成建设任务并取得了一定的成果。

　　推进课堂改革，提升课堂教学质量是基地的建设任务之一。在推进课堂改革的过程中，阳山县校本教研基地积极借鉴先进的教育理念和教学方法，结合本地实际，不断探索适合本地学生的教学模式。

　　为了展示课堂改革的成果，阳山县校本教研基地组织编写了《从校本出发：课堂改革的实践与探索》一书。本书中收录了广东省基础教育校本教研基地项目三所基地参与学校（阳山县韩愈中学、阳山县黄埔学校、阳山县太平中学）在推进课堂改革过程中的实践经验、教学案例、研究反思等内容，旨在为广大教育工作者提供借鉴与参考。

　　本书共分为四章，分别从不同角度对课堂改革进行了深入探讨。首先，介绍了课堂改革的理论基础，阐述了课堂改革的必要性和重要性。其次，课堂改革的实践探索详细介绍了基地在推进课堂改革中的具体做法和经验，这些做法和经验都是基于实际教学实践的总结和提炼，具有很高的实用性和可操作性。再次，书中还收录了一些优秀的课堂改革的教学案例，这些案例来自不同学科的课堂实践，展示了基地教师们在实际教学中的风采和成果。通过具体的教学案例，读者可以更加直观地了解课堂改革的方法和效果，从中汲取灵感和启示。最后，课堂改革的实践反思从学科研究和课堂优化两个方面进行反思。

　　本书经费由广东省基础教育教研基地项目专项经费中支出，资金主要用于书籍的策划、编写、校对、印刷以及宣传推广等方面，确保书籍的质量与影响力。

在编写本书的过程中，我们注重理论与实践的结合，力求使书中的内容既有理论深度，又有实践指导意义。我们相信，通过本书的出版，可以为广大教育工作者提供一个交流和学习的平台，共同推进课堂改革的深入发展。同时，通过阅读本书，我们希望广大教育工作者能够从中汲取教育智慧与实战经验，积极探索和实践课堂改革的新思路和新方法，为推动我国教育事业的不断发展贡献力量。

叶兰香

2024年3月

目录

绪　论 ………………………………………………………………………… 1

第一章　课堂改革的理论基础 ……………………………… 5

第一节　新课程理念与课堂改革 ………………………………… 6

第二节　核心素养与课堂改革 …………………………………… 9

第三节　"三主"理念与课堂改革 ……………………………… 11

第二章　课堂改革的实践探索 ……………………………… 13

第一节　韩愈中学"二五一"思行课堂 ………………………… 14

第二节　黄埔学校"导融"诚正课堂 …………………………… 28

第三节　太平中学"三段四环"敏行课堂 ……………………… 37

第三章　课堂改革的教学案例 ……………………………… 43

第一节　韩愈中学"二五一"思行课堂案例 …………………… 44

第二节　黄埔学校"导融"诚正课堂案例 ……………………… 92

第三节　太平中学"三段四环"敏行课堂案例 ……………… 140

第四章　课堂改革的实践反思 ·· 163

　　第一节　学科研究实践反思 ·· 164

　　第二节　课堂优化实践反思 ·· 212

后　记 ·· 241

绪　论

当今教育发展的趋势，课堂改革已成为推动教育进步的重要力量之一。作为教育教学的基本单位，课堂不仅承载着传授知识、培养技能的任务，更是培养学生综合素质、实现全面发展的关键场所。因此，对课堂改革的探索与实践，对于提升教育教学质量、促进学生全面发展具有重要意义。

在校本教研的视角下，课堂改革不仅是教育教学的创新实践，更是学校文化建设的重要组成部分。校本教研强调以学校为本位，结合学校实际情况，开展有针对性的教育教学研究。通过校本教研，教师可以更加深入地了解学生的学习需求和发展特点，从而制定更符合学生实际的教学方案，推动课堂改革的深入发展。

一、课堂改革的时代背景与意义

当今时代，信息爆炸，科技进步，知识更新日新月异。在这样的时代背景下，教育面临着前所未有的挑战与机遇。随着信息技术的普及和应用，学生们获取知识的途径日益多样化，他们不再满足于传统的被动接受式学习，而是希望在学习过程中发挥更多的主动性和创造性。此外，社会的快速发展也对教育提出了更高的要求，要求教育不仅要传授知识，还要培养学生的创新精神和实践能力。为适应时代发展的需求，课堂改革势在必行。

课堂改革对提高教育质量、培养创新人才、推动学校文化建设具有重要意义。首先，课堂改革有助于提升教育教学质量。传统的课堂教学往往注重知识的灌输和应试技巧的训练，而忽视了学生的主体地位和全面发展。课堂改革强调以学生为中心，注重激发学生的学习兴趣和潜能，通过引导学生自主学习、合作学习、探究学习等，提高学生的综合素质。这样的改革使学生在掌握知识的同时，也能发展思维能力、创新能力、实践能力等，从而全面提升教育教学质量。其次，课堂改革有助于培养创新型人才。在当今社会，创新已成为推动社会进步的重要动力。课堂改革通过改变教学方式、优化教学内容、创新教学手段等，为学生提供了更加广阔的思维空间和实践平台，培养了学生的创新精神和实践能力。这样的改革有助于培养具有创新思维、创新能力、创新精神的优秀人才，为社会的发展注入新的活力。最后，课堂改革还有助于推动学校文化建设。学校文化是学校发展的重要支撑，而课堂改革则是学校文化建设的重要组成部分。课堂改革可以推动学校的持续发展。

课堂改革是时代发展的必然趋势，在当今时代背景下具有重要意义。它不仅是提升教育教学质量、培养创新型人才的重要途径，也是推动学校文化建设、促进学校发展的重要举措。我们应该积极推动课堂改革，不断探索适合新时代教育需求的教学模式和方法，为培养更多优秀人才贡献力量。

二、校本教研在课堂改革中的角色

校本教研在课堂改革中扮演着举足轻重的角色。它不仅是推动课堂改革的重要力量，更是提升教育质量、促进学生全面发展的关键途径。

校本教研作为学校内部的一种重要教研形式，能结合学校实际，针对教学中的具体问题，开展有针对性的研究与实践，从而推动课堂改革的不断深化。

首先，校本教研为课堂改革提供了理论支撑和实践指导。通过深入研究教育教学理论，结合学校的教学实际，校本教研团队能够制定出符合学校特色的课堂改革方案，为教师提供明确地改革方向和具体的操作方法。同时，校本教研还能够针对课堂改革中出现的问题和困难，及时进行调整和优化，确保改革能够顺利进行并取得实效。

其次，校本教研促进教师的专业成长和团队合作。在教研活动中，教师们共同探讨教学方法、分享教学经验、研究教学问题，相互启发、相互学习。这种交流与合作不仅提升了教师的教育教学水平，也增强了教师的凝聚力和向心力，为课堂改革的深入推进奠定了坚实的基础。

再次，校本教研关注学生的个性化发展和全面发展。通过深入研究学生的学习特点和需求，教研团队能够设计出更加符合学生实际的教学内容和教学方法。同时，校本教研还注重培养学生的创新精神和实践能力，通过开展丰富多彩的课外活动和实践项目，激发学生的学习兴趣和积极性，促进学生素质的全面提升。

最后，校本教研推动了课堂改革与学校文化建设的深度融合。课堂改革不仅是教学方式的改变，更是学校文化建设的重要组成部分。通过校本教研，学校能够形成具有自身特色的教学理念和教学模式，营造出积极向上、富有创新精神的校园文化氛围。这种文化氛围不仅能够激发学生的学习兴趣和潜能，还能够提升学校的整体形象和品牌价值。

总之，校本教研在课堂改革中发挥着不可替代的作用。它不仅能够为课堂改革提供理论支撑和实践指导，还能够促进教师间的交流与合作，推动课堂改革与学校文化建设的深度融合。因此，我们应该更加重视校本教研工作，为课堂改革的深入实施提供有力保障。

第一章

课堂改革的
理论基础

1

第一节　新课程理念与课堂改革

一、新课程理念

新课程理念是一种关注学生全面发展、注重培养学生创新精神和综合能力的教育理念。新课程理念可以归纳为以下八个方面。

1. 以学生发展为本

新课程改革的出发点是"以人为本""以学生的发展为本"，强调学生的主体地位，关注学生的全面发展。通过个性化的学习方式和综合性的学习内容，培养学生的创造力、批判思维、交流沟通等多方面的能力。

2. 注重学习与实践的结合

新课程理念强调将学习与实践结合起来，使学生能够更好地应对未来的挑战和变化。学生通过实践活动，发挥想象力和创造力，积极参与，培养思辨能力和批判思维。

3. 跨学科综合性学习

打破传统课程划分的束缚，鼓励学生进行跨学科的学习和研究。通过整合不同学科的知识，学生能够更好地理解和应用所学内容，提升系统思维能力和综合分析能力。

4. 强调合作与沟通

在学习过程中，学生需要与同伴进行合作，共同解决问题。这种合作能够培养学生的团队意识和合作精神，提升他们的沟通和协作能力。

5. 多元化评价机制

新课程理念强调建立学习结果与学习过程并重的评价机制。在对学习评价时，既要关注学习结果，也要关注学习过程，以及情感、态度、行为的变化。

6. 树立终身学习观

新课程理念鼓励学生树立终身学习观，认为终身学习将成为未来每个社会成员的基本生存方式。

7. 关注地区差异和个体差异

在保证国家课程基本要求的前提下，新课程理念强调关注不同地区、学校和学生之间的差异。要求各地区和学校根据实际情况，因地制宜地选择和设计课程内容，努力使每一名学生都能受益。

8. 强调课程的开放性和民主性

开放型的新课程观是建构现代化课程体系的必然选择。民主化是建构新型师生关系和课程管理体制的牢固基石。

在新时代的浪潮下，教育领域的改革与创新已成为不可逆转的趋势。新课程理念作为改革的先导，为课堂改革指明了方向。在新课程理念的指引下，课堂改革为培养学生的综合素质和创新能力提供了有力支撑。

新课程理念注重学生的主体性和主动性，强调知识、能力、情感态度与价值观的全面发展，要求教师在课堂教学中，不仅要传授知识，还要注重培养学生的自主学习能力、创新思维和实践能力。因此，课堂改革需要紧紧围绕这一理念，构建以学生为中心的教学模式。

二、课堂改革要点

在新课程理念的指引下，课堂改革旨在打破传统的教学模式，构建更加符合学生发展需求的课堂环境，提升教学质量和效果。

1. 课堂改革需要转变教学理念

传统的教学理念以教师为中心，注重知识的灌输和应试能力的培养。而新课程理念强调学生的主体地位和全面发展，注重激发学生的学习兴趣和主动性。因此，课堂改革需要教师转变角色，从知识的传授者转变为学生学习的引导者和促进者，引导学生主动参与、积极探究，培养他们的自主学习能力和创新精神。

2. 课堂改革需要优化教学内容

新课程理念注重跨学科综合性学习，强调知识的整合和应用。因此，课堂改革需要打破学科壁垒，加强不同学科之间的联系和融合，构建综合性的课程体系。同时，还需要关注学生的生活经验和实际需求，选择贴近学生生活、具有实际意义的教学内容，激发学生的学习兴趣和动力。

3. 课堂改革需要创新教学方法

传统的教学方法以讲授为主，缺乏互动和实践环节。而新课程理念强调学习与实践的结合，注重学生的参与和体验。因此，课堂改革需要采用多样化的教学方法，如合作学习、项目式学习、情境教学等，让学生在参与中学习、在实践中成长。同时，还需要利用现代信息技术手段，丰富教学资源，提升教学效果。

4. 课堂改革需要完善教学评价机制

新课程理念强调评价多元化，既要关注学习结果，也要关注学习过程和学习态度。因此，课堂改革需要建立多元化的评价体系，采用多种评价方式，如观察、记录、作品展示等，全面评价学生的学习成果和发展情况。同时，还需要注重评价的反馈和指导作用，帮助学生了解自己的优势和不足，明确学习方向和目标。

课堂改革是一项长期而艰巨的任务，需要全体教育工作者的共同努力和持续探索。在新课程理念的指引下，教师应积极推进课堂改革，构建更加符合学生发展需求的课堂环境，为学生的全面发展提供有力保障。

第二节　核心素养与课堂改革

学科核心素养是学科育人价值的集中体现，是学生通过学科学习而逐步形成的正确价值观、必备品格和关键能力。核心素养对促进学生的全面发展、培养学生的创新精神和实践能力具有重要意义。

不同学科包含不同的核心素养。如语文学科核心素养包括语言建构与运用、思维发展与提升、审美鉴赏与创造、文化传承与理解；数学学科核心素养涵盖了数学抽象、逻辑推理、数学建模、直观想象和数学运算等多个方面，这些核心素养的培养不仅有助于学生更好地掌握数学知识，还能为学生的未来发展奠定坚实的基础；科学新课标强调的科学思维能力、科学探究能力、科学创新能力和科学道德观；历史学科核心素养中的唯物史观、时空观念、史料实证、历史理解、历史解释和家国情怀等。其他学科如生物、化学等也有各自的核心素养。

核心素养不仅对学生全面发展提出了要求，还是课堂教学改革的引领。在当前的课堂实践中，我们越来越意识到，单纯地传授知识已经不能应对复杂多变的社会环境，所以培养学生的核心素养，就成了课堂改革的重中之重。

在核心素养的指引下，课堂改革呈现出新的面貌和活力。教师不再局限于传统的知识传授，而是更加注重学生的全面发展，努力将核心素养的培养融入课堂教学的各个环节。

首先，教师通过精心设计教学活动，引导学生主动参与、积极探究。鼓励学生提出问题、分析问题、解决问题，培养学生的批判性思维和创新能力。同时，教师还注重跨学科知识的整合，帮助学生构建完整的知识体系，提升他们的综合素质。

其次，教师注重培养学生的自主学习能力和合作精神。鼓励学生自主学习、合作学习，培养学生的团队协作能力和沟通能力。通过小组讨论、项目合作等方式，让学生在相互学习、相互启发中不断进步。

最后，教师注重培养学生的情感态度和价值观。通过情感教育、价值观引导等方式，帮助学生树立正确的世界观、人生观和价值观，培养学生的社会责任感和公民意识。

课堂改革的核心素养导向，使课堂教学变得更加生动、有趣和富有意义。学生在课堂上不仅学到了知识，更学会了如何学习、如何思考、如何合作和如何创新。以核心素养为导向的课堂改革，必将为学生的未来发展奠定坚实的基础。

第三节 "三主"理念与课堂改革

"三主"理念即学生为主体，教师为主导，训练为主线的教学理念。这是由上海特级教师钱梦龙老师在长期的语文教学实践中逐步形成的教学指导思想。

学生为主体，就是确认学生在教学过程中是学习的主体、认识的主体、发展的主体，也就是把学习的主动权交给学生，让学生在教师的指导下自己阅读，自己求理，从根本上改变教学中单纯由教师灌输知识的教法。

教师为主导，就是在确认学生主体地位的同时，规定教师在教学过程中的作用和活动方式主要是"导"。导，指引导、指导、辅导、因势利导，也就是根据学生的认识规律、思维流程、学习心理，正确地引导学生由未知达到已知的彼岸。

训练为主线，是在教学过程中确认了学生的主体地位和教师的主导作用以后的必然归宿。主体和主导的关系，也只有在一个组织得很好的训练过程中才能得到和谐的、辩证的统一。这里说的训练，是指在教学过程中以导学案为主导和小组合作为主体学习的训练模式。不是指单纯地做习题（做习题仅仅是训练的一种方式）。

主体、主导、主线三者之间的关系，可以这样概括：学生为主体是我们考虑问题的基点，教师为主导是确保学生主体地位的重要条件，而主体和主导的关系又辩证地统一在以训练为主线的教学结构之中。

在"三主"课堂理念的指引下，阳山县校本教研基地课堂改革进一步深入研究，实现了教学方式的创新与优化。以学生为主体，阳山县校本教研基地更加关注学生的个性化需求和学习兴趣，努力创造一个宽松、自由的学习环境，让学生能够充分发挥自己的潜能和创造力。同时，阳山县校本教研基地也注重培养学生的自主学习能力和解决问题的能力，让学生能够在学习中不断探索、发现和创新。

教师不仅要传授知识，更要注重引导和启发。在主导作用的发挥上，更加注重与学生的互动和交流，关注学生的思维发展和情感变化，及时调整教学策略，确保学生能够顺利掌握知识，提升能力。

训练作为课堂改革的主线，贯穿于整个教学过程。教师精心设计各种训练活动，包括课堂练习、小组讨论、实践操作等，让学生在参与中巩固知识，提升技能。同时，教师也注重训练的针对性和有效性，确保每一次训练都能达到预期的效果。

在"三主"理念的指导下，教师追求有效课堂教学，努力实现教学的高效益和高效率。教师注重教学效果的评估和反馈，及时调整教学策略，确保学生能够取得实质性的进步和发展。同时，教师也注重培养学生的综合素质和创新能力，为他们未来的发展奠定坚实的基础。

课堂改革是一个不断探索和实践的过程。在"三主"理念的指引下，我们不断深化课堂改革，创新教学方式方法，努力打造更加高效、优质的课堂教学，为学生的全面发展提供有力保障。

第二章

课堂改革的
实践探索

2

第一节　韩愈中学"二五一"思行课堂

　　广东省阳山县韩愈中学创办于2011年7月，是为了纪念唐代文学家韩愈而冠名的一所初级中学。据史料记载，唐代贞元年间（785—805年），大文豪韩愈任阳山县令，除给阳山后人留下"贤令山摩崖石刻""韩公钓矶""韩文公读书台"等珍贵文物古迹外，还留下了一段"兴学堂、重教化"的佳话。为世代景仰、铭记韩愈在阳山县的功绩，2011年新办的一所初中以韩愈命名，是为韩愈中学。

　　韩愈名作《进学解》中道："业精于勤，荒于嬉；行成于思，毁于随"。意为学业靠勤奋才能精湛，德行靠思考才能形成。韩愈中学沐浴着韩愈文化基因所折射的光芒，以韩愈文化引领学校内涵发展。学校以"思行合一"为育人理念，以"求是遵道"为校训，致力于弘扬以韩愈的治学之道和精神品格，旨在学生思想力、学习力、行动力的提升，以达到"学思结合""善思笃行""'思行'合一"的目标。

　　自2018年秋季开始，为了追求高效课堂，韩愈中学便踏上了课堂教学改革之路。多年来，学校在使用导学案模式的基础上，结合自身发展特色，进行了"导学案+小组合作"课堂改革。学校践行"请进来，走出去"的学习培训模式，多次邀请相关专家到校进行指导，同时组织多批教师到河北省宁晋六中、江西省余江四中、东莞市黄冈中学、花都区实验学校等课改先进校观摩学习。在学习借鉴先进学校经验的同时，韩愈中学结合自己的校情、教情、学情，不断反思与实践，摸索出具有本校特色的"二五一"思行课堂教学模式。"二五一"思行课堂教学模式与"导学案+小组合作"课堂改革是一脉相承的，前者丰富了后者的内涵。"二五一"思行课堂紧紧把握课堂脉搏，优化课堂结构，突出学生为主体，教师为主导，有效提高课堂教学质量。

　　学思并行是古代伟大的教育家孔子所提倡的一种读书及学习方法。语出

《论语》："学而不思则罔，思而不学则殆"。意思是学而思，学问方能进步；思而行，行而力，学业方能成功。所以，韩愈中学提出"二五一"思行课堂。

一、"二五一"思行课堂教学模式的内涵

"二五一"思行课堂概括为："二"是严格遵循两个原则，即"以生为本""三讲三不讲"原则和课堂组织活动"思行结合"原则；"五"是课堂五个环节：预习导学、探究讨论、展示交流、释疑提升、达标检测；"一"是一个目标：让学生学会学习。

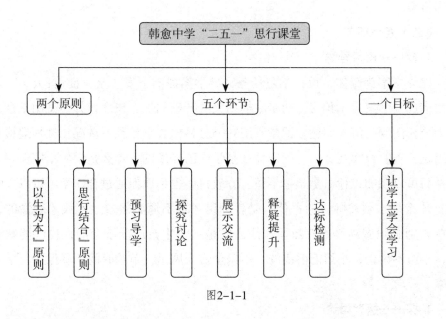

图2-1-1

（一）两个原则

1. 坚持"以生为本""三讲三不讲"原则

"三讲"指教师要集中力量讲学生学习过程中的易混、易错、易漏点；讲学生想不到、想不深、想不透的；讲学生解决不了的，以此促使教学由教向学的转化，提高学生的综合学力。"三不讲"指紧紧围绕教学课题、教学目标、教学重难点，学生已会的不讲，学生自己能学会的不讲，讲了学生也不会的不讲。

2. 坚持课堂组织活动"思行结合"原则

"思行结合"原则强调学生主体作用，设计以思促行、学思并行课堂活动

过程，将思维活动、探究活动结合起来，并做到"四个关注"。

（1）关注学生的主体需求，激发学生自主学习的兴趣和积极性，把学习的主动权奉还给学生。

（2）关注学生的学习过程，完善学生的学习方式，积极为学生提供自主发展和相互交流的机会以及充分表现自己的空间。

（3）关注学生的情感体验，努力营造宽松、民主、和谐的教学氛围，使学生乐学、爱学、会学。

（4）关注学生的个体差异，力求满足不同类型和不同层次学生的学习需要，确保每个学生都能受益，尽可能多地为性格内向和学习有困难的学生创造学习机会。

（二）五个环节

1. 预——预习导学

以导学案为载体，设计学习任务，导学案提前下发（至少提前1天），让学生借助导学案自主预习，初步掌握相关的基础知识、概念，并尝试用掌握的知识分析问题、解答问题。课堂利用3—5分钟检查学生预习情况（教师巡检、小组长检查、组间互查），确定什么是学生已经懂的；什么是学生不懂但是看教材后可以懂的；什么是学生不懂、看教材后也不懂但通过合作学习可以弄懂的；什么是必须教师讲的；什么是教师讲了也不懂必须通过实践才能懂的，这些教师必须做到心中有数。需注意的是：学生自己能学会的，自己能解决的，小组不讨论；小组能解决的，不搞全班大展示，节约时间，确保课堂学习效率。

2. 探——探究讨论

教师根据教学目标以及针对检查预习发现的问题及学生反馈上来的疑惑，引导并组织学生进行探究学习（10—15分钟），可独学、对学、群学。在这一过程中，教师要善于启发、引导。在小组合作学习时学生出现困难、意外混乱局面时要深入小组，掌握情况及时调控，保证小组学习合作有序、有效地开展。教师还要下组参与学习讨论，及时把握各组学习情况，灵活运用教学机智，调整学习时间。同时还要帮助学生归纳探索发现的知识及方法，不断引发学生思维的碰撞，把学生的探索引向深入。

3. 展——展示交流

展示交流环节分为四段（10—20分钟）：一是个体展示，由各组派出代表展示发言（每个同学都要有展示的机会）；二是组内补充，对本组发言人不完善或不准确的地方，本组其他成员可以补充发言；三是各组补充，各组人员对别的组的发言内容进行适当的补充、修正；四是教师点评，教师要鼓励所有学生都参加展示活动中，并认真听取别人意见，吸纳他人之长，及时做必要的订正和补充发言。

4. 释——释疑提升

只有教师恰当的引导和点拨，才能与学生进行有效的探究。课堂教师抓住知识的重点、难点、考点、易错点、疑惑点进行点拨，引导学生感悟新知，梳理总结知识要点，并引导学生解决生成的问题（5—10分钟）。这一环节，教师既要点到为止，又要以点带面、画龙点睛讲出知识的精华；又要因势利导，引导学生深入探讨，点评思路，总结规律；更要注意适时反馈，把握学生的学习状态和学习效果，根据情况及时调整教学进度、方法。

5. 测——达标检测

进行当堂测评，及时反馈，查漏补缺（5—8分钟）。检测题的设计要紧扣本节课的教学目标、内容和学生的认知水平，重点体现本节课学习目标中的基础知识和基本技能，题型要小、巧，题量要适中，既要面向全体，又要关注个体差异。在学生做完检测题后，教师要做适当点评，查漏补缺，给不过关的学生第二次学习机会。教师还可以聘请完成学习任务的学生作为助教，帮助自己答疑和辅导同学学习。另外，根据本课时的学习内容和学生的学习情况，可设计少量的巩固拓展题，拓展学生的思路。使学有余力的学生有最大程度的收获，满足不同层次的学生需要。

以上五个环节要在各学科课堂体现，具体操作模式各学科可根据本学科的特点进行微调。

（三）一个目标——让学生学会学习

在学生学会学习、促使学习高效的同时，培养学生"善思""善学""善行"和"自主""合作""探究"的能力，为学生学会终身学习奠定良好的基础。

二、"二五一"思行课堂教学模式的管理

交流、合作是人类社会生存至今的重要动力，面对知识经济的到来和高科技的飞速发展，竞争越加激烈的新时代，合作意识更是新时代人才的重要意

识。因此，在基础教育改革浪潮中，实施以小组合作学习为主渠道的课堂教学，探索小组合作学习与学生素质的发展，其实践意义是很明显的。新课程改革强调学生学习方式的转变，小组合作学习作为课程改革积极倡导的有效学习方式之一，因其具有使学生优势互补、形成良好人际关系，促进学生个性健全发展的优点。

（一）合作小组的组建

1.分组

（1）分组：按优、良、中、差生合理搭配，同时兼顾性别、视力、身高、特长等，保证各小组都有各学科优秀学生，做到优势与劣势的整合。

（2）小组长的选拔：①组长要有较强的责任心；②组长成绩比较优秀；③组长要有较强的语言表达能力。

（3）学科长的选拔：①学科成绩占优势；②有带头意识；③责任心强。④有一定的组织协调能力。

2.评价

展示积分：在各班黑板的醒目位置画出积分表，各组组长（或记分员）及时（每节课后、每天放学前）统计小组积分。

（1）每个组准备1本小组评价记录本，组长（或记分员）负责人记录。

（2）组长负责学习，副组长负责管理纪律，一节课一考评，一天一统计，一周一公布。统计自己负责的5名学生一天参与小组合作学习及展示的成绩，排名次。考评共分五项：

① 课堂发言：发言一次加1分，得到老师的特殊表扬加2分；回答错误不加分。

② 课堂展示：展示一次加2分，有解题方法的总结或得到老师的特殊表扬加3分；展示错误不加分。

③ 组内讨论：积极参与组内讨论的，一节课1分，表现比较突出的加2分；不积极不参与该项为0分。

④ 完成任务：老师或组长分配的学习任务，及时完成加1分。不及时为0分。

⑤ 违纪：在小组学习过程中，讨论和问题无关的、注意力不够集中、纪律差的每次扣除1分，老师点名批评的扣除2分，连续两天多次违纪的请出小组，需向老师、组长申请方可回组以观后效。该项由组长认定，一节课结束后由学科长记录。

组长每周选出最活跃的和最不活跃的学生各一个，多的在每小组记录本上表扬，少的由老师教育，让其定出第二周课堂展示的次数。

（3）学习表现最好，但是纪律最差的不能当选最优秀学生。

（4）组长每周一总结，找出每组学习问题，确定下周努力方向，并给表现最好的学生家长打电话报喜或者写喜讯，同时给问题学生家长取得联系，由班主任和家长沟通，取得家长支持。

（5）每个组表现最好的学生每月评"思行之星"。

3. 奖惩

在全班评选"先进学习小组"。"先进学习小组"评选标准：声音洪亮，展示准确，表情大方，文明守纪。上每节课时教师随时对各小组课堂表现进行评价，记录在黑板右侧。每月积分排前2名的组获评"先进学习小组"。在单元测试、期中、期末考试中，几次考试平均分加上组内学生在年级进步分，进步分数+平时评价分数最高的小组是本学期"最优秀小组"，小组组长为最优秀组长。（每进步5名加1分，退步5名减1分）

小组学习具体要求：

① 组员课前准备充分，物品放置整齐，安静等待上课。

② 自主学习：主动、认真、投入地完成学习提纲要求的内容，并保持组内的安静。

③ 交流讨论：组内分工明确，讨论积极主动、热烈有序，发言面广，有礼有节；达到了解决问题或产生新问题的目的；无不良现象发生。

④ 展示：参与积极主动，一周内各成员至少应有一次展示；板演规范清楚，讲述或发言响亮、清晰，条理清楚，见解或方法独特、有新意。

⑤ 组内各成员尊重他人发言，善于倾听，在倾听中思考，在倾听后评价他人发言，及时补充自己的想法。

⑥ 善于思考，能主动发现和提出问题，并有条理地表达思考过程。

⑦ 组内"兵教兵"结对明确，成员间互相帮助，主动为学习有困难的组员解惑答疑，达到共同进步。

⑧ 每次课堂检测均能在教师的指导下认真评改，并及时做好记录。

⑨ 组长、学科长认真组织安排组内学习活动，组内成员服从组长和学科长的指导，听从组长和学科长的指挥。

⑩ 做到入室即静：进入教室后，不管上课还是下课，学习风气浓厚，无不

良现象。

（二）导学案的编制

为了使"二五一"思行课堂教学模式能够顺利推行，各备课组结合本校实际，认真研讨，精心编制导学案。导学案的编制要遵循学生认知规律，注重知识的连贯性和系统性，既体现了基础知识的巩固，又突出了能力的培养。同时，导学案还注重激发学生的学习兴趣，引导学生主动探究，培养他们的创新思维和实践能力。

在编制导学案的过程中，我们特别强调四点。一是导学案要具有明确的学习目标。根据课程标准和教材要求，制定了具体、明确的学习目标，使学生在学习过程中能够有目的地进行自主学习和合作探究。二是导学案要注重问题的设计和引导。结合学生实际，设计了富有启发性、层次性的问题，引导学生逐步深入，从而掌握知识的本质和规律。三是导学案还要关注学生的学习过程。注重学生的参与和体验，通过设置小组活动、讨论交流等环节，让学生在合作中学习，在交流中进步。四是导学案要注重评价与反馈。建立有效的评价机制，对学生的学习情况进行及时、准确的反馈，帮助他们发现自己的不足，调整学习策略，提高学习效果。

导学案的设计主要分四个板块：

第一板块：核心目标。就是本节课要让学生掌握的关键知识点，简单明了地概括主要学习目标。

第二板块：预习导学。这一部分让学生通过预习课本或看微课，课前完成预习导学部分。上课前小组长检查完成情况，老师公布答案让学生自批或互批，学生已经会的老师不讲，只讲学生提出的存在疑惑的地方。

第三板块：课堂探究。把本课需要解决的重要问题放在这一块。这一块可以教师讲，也可以适当让学生展示，让学生讲。讲完每个核心知识点要帮助学生进行方法的归纳。

第四板块：达标检测。当节课有时间完成的就当堂检测，当堂批改或对答案。如果不够时间，就作为作业让学生完成，第二天收上来批改。反馈测评每一节课都要设计1—2道拓展提升题。基础较为薄弱的同学可以选做。

各班级尽量统一教学进度，备课组长做好学科进度计划，要具体到每一天上课的内容。并提前把备课任务分工到具体老师，要求提前一周完成审核并印刷好。每节课后，科任老师在导学案后面写上几点自己的教学反思，总结本课的得与失。

（三）备课要求

各备课组以全面提高教育教学质量为目标，深入开展具有本校特色的"二五一"思行课堂教学研究，备课以实现课堂教学效益的最大化为主攻方向，具体要求如下。

1. 备课要有超前性，必须提前一周备课

备课组长在每周周五前就对下周授课内容（于本周集体备课时议定）进行安排，确定每一节课的主备人，并通知到具体科任教师，各备课组做好每周的集体备课记录并填写好每周集体备课记录表于期末考试前上交到档案室存档。

2. 集体备课按要求开展

每周集体备课流程：①核对教学进度；②交流本周困惑点；③确定本周教学内容；④主备人依次说课；⑤交流修订完善设计；⑥明确下周教研任务。

3. 学生使用导学案上课

教师必须结合课本、导学案和网络资源进行备课，课本练习必须使用，必须把导学案（课件）按照"二五一"思行课堂模式形成集体共案。五个环节分别是预——预习导学、探——探究讨论、展——展示交流、释——释疑提升、测——达标检测。各学科可根据本学科的特点进行微调。

4. 各班对集体共案进行个性化处理

教师在集体共案的基础上针对自己班级学生实际进行个性化处理，一课一教案（课件），每周由备课组长收齐并初检本组教师个性化共案（课件）纸质档上交教研室，要求每节课课件采用每页6张幻灯片，讲义纵向形式打印，并在适当位置做好教学批注，在空白处写上教学反思。

5. 重视单元复习备课

各学科每个单元或每个章节必须做一份"二五一"思行课堂模式复习课导学案（课件），每个单元或每个章节至少出一份小测或训练习题。

6. 备课资料收集到学校资源库

期末考试前，各备课组长把每周集体备课共案（课件）、小测、训练习题、综合测试卷等相关教学素材电子文档打包好，并做好资源一览表一起上传到学校资源库。（集体备课课件采用学校统一模板）

（四）巡堂管理制度

为扎实推进"二五一"思行课堂模式，提高课堂教学效益，更好地落实教学常规，进一步规范课堂教学行为，实现教风学风良性循环，以促进教学质量稳步提升，根据学校管理实际，制定学校巡堂制度实施细则如下。

1. 巡堂意义

建立和实行巡堂制度，就是要加强教学过程管理，更好地突出"有效教学"这一主题，逐步使学校教学常规工作管理走向精细化、科学化，使教学常规要求内化为教师的自觉行为，更好地促进韩愈中学教育教学质量的稳步提高。

2. 巡堂内容

（1）师生课前准备情况。

教师是否有执教该课时的教案或教学设计，教案或教学设计和教学内容是否一致。每次巡堂，巡堂人员可随机抽查或根据教导处安排检查2至3名任课教师的备课情况。上课提前3分钟任课老师是否到达所在班级候课；检查学生学习用品是否摆放整齐；学生在教室内是否静坐等待。课桌椅摆放是否整齐。

（2）教师执行课表情况。

教师是否按课表上课，教师是否按随意调课。巡堂人员通过查对课表或调课记录检查教师是否执行课表。是否提前或拖后上课或下课。是否有脱岗或中途离开课堂现象。了解教师执行课表情况，一般在上课时间内进行。

（3）教师课堂行为表现情况。

教师是否做到仪态端正，教态亲切，能用普通话教学。是否有体罚和变相体罚学生现象。是否坐着上课（除身体不适外），是否在课堂中打瞌睡、抽烟、接听手机等有悖于学校要求的现象。

（4）课堂教学的组织纪律。

巡堂人员将检查教师组织教学的情况，检查学生课堂执行纪律情况，必要可以进入教室内听课5—10分钟。课堂纪律情况主要巡查学生上课是否做和上课无关的事情，是否有打瞌睡现象，是否随便和周围同学讲话、吵闹；教师是否对学生放任自流；是否有其他课堂违纪现象。

（5）班容、班貌情况。

巡堂人员将有重点地检查部分班级的学生在上课期间穿着校服、佩戴胸卡情况、教室卫生情况以及学生带零食回课室情况。凡发现教室卫生有问题，巡堂人员应督促任课教师责令值日学生搞好卫生，做到教室地面没有纸屑。

（6）"二五一"思行课堂落实情况。

巡堂人员将记录任课教师是否按照"二五一"思行课堂模式进行授课，是否充分利用导学案引导学生预习、探究、展示、释疑和达标检测。观察学生是否积极参与课堂活动，是否能够主动思考、主动发言、主动合作。对于课堂表现不佳或未按照"二五一"思行课堂模式进行授课的情况，巡堂人员应及时记录并反馈给相关教师，以促进教学质量的提升。

3. 巡堂办法

（1）由学校行政人员、年级级长、教研组长、备课组长组成巡堂工作小组。

（2）学校每天每节课安排一组巡堂人员，具体看年级安排表。

（3）巡堂人员在巡堂过程中，要带着"巡堂记录表"，要认真、及时记载"巡堂记录表"，并把当堂加扣分情况写在年级所在楼层的公布栏上进行公布。

（4）巡堂的重点在课堂，同时应按规定要求做好相关巡堂工作。

4. 巡堂人员职责

（1）巡堂人员要认真学习学校有关管理制度，按时到所在年级进行巡堂。

（2）本着负责认真的态度，及时解决巡堂过程中发现的问题，肯定优点，指出不足，提出建议，促进教师专业发展。

（3）凡进入课堂巡堂的人员，均不应干扰任课教师正常上课。

（4）巡堂人员应认真了解发现的问题及其可能产生的原因，在处理学生问题时，应严格遵守学校规定的各项处理办法。

（5）巡堂人员发现的比较严重的问题，特别是涉及安全隐患的问题，应及时向校长报告，或向学校相关部门汇报。

（6）巡堂人员要在每周五反馈巡堂情况，交流普遍存在的问题与改进措施。

5. 巡堂问题处理办法

（1）对巡堂过程中发现的问题，行政人员应本着真诚帮助、重在教育和及时解决的态度向有关教师和学生说明存在的问题，提出处理办法或建议。

（2）凡发现教职工在岗或上课时有重大责任问题的，将交由学校根据管理规定进行处理，并及时向教职工公示。

（五）校本公开课制度

为深入推进"导学案+小组合作"课改之"二五一"思行课堂教学模式，研究和解决课堂教学实际问题，促进教师课堂教学能力的全面提升，韩愈中学积极探索基于课堂教学研究的校本教研公开课模式，提出"让公开课常态化，让常态课优质化"的教研理念，以在全校形成积极研讨与交流的良好教学氛围，促进学校基础教育改革目标的全面落实。

1. 总体要求

成立韩愈中学"二五一"思行课堂教学研究工作领导小组，校长总体负责，教导处全面管理，教研室技术指导，建立层层负责、逐级落实、全员参与的校本教学教研公开课管理与活动机制，确保校本教研工作落到实处。

围绕有效推进"二五一"思行课堂教学模式的开展及教师总体素质的提高，学校校本教研公开课活动的重点放在推进课改过程中所遇到的实际问题上、着眼点必须放在实践与反思相互结合上、切入点必须放在教师教学方式和学生学习方式的转变上、生长点必须放在促进学生发展和教师自我提升上。

2. 主要形式

校本教研公开课活动分三个层面推进。一是基础式以教研组为单位组员参与的公开探索课活动；二是提升式以学校为单位跨学科参与的公开展示课活动；三是专家式上课说课高点评全校参与的公开示范课活动。通过三个层面的推进，力争将"二五一"思行课堂新理念落实到每一节课上，使每堂课都达到优质水平。

（1）基础式以教研组为单位组员参与的公开探索课

各教研组安排本组成员每学期均完成一次公开课，把具体安排表附在学期教研组工作计划上，并在开学第二周上交到学校教研室。

组内开展的每次公开探索课活动，要求本组成员全员参加，并积极参与备课、听课、评课全过程。教研组长负责考勤，在教研组工作记录本上签到，如有特殊情况无法参加的要在记录表上备注说明。评课由教研组长主持，评课要全面、真实，既要明确优点，挖掘潜能，又要针对不足提出有效意见和建议。每次承担公开的教师要按照学校要求提交集体备课教案、说课评议表、公开课评议表及公开课教后反思。

（2）提升式以学校为单位跨学科参与的公开展示课

校级公开课的确定分为个人申报、教研组推荐和学校指定三种方式。个人申报、教研组推荐课由学校教导处审核后统一安排。学校指定公开课由教导处、教研室在教研组学期公开课安排表中选推。当周如没有被推为校级公开课的，各教研组按照常规要求开展组内公开课。

校级公开课每周举行一次，兼顾各个学科，每次安排3—5位教师，所安排的教师尽量一学年内不重复。时间定在每周星期二、星期三、星期四三天（如当周遇其他活动，根据实际适当调整），具体上课班级及上课节次由学校依据课程总表安排而定，在周前会公布。

（3）专家式上课说课高点评全校参与的公开示范课

专家式全校参与的公开示范课由学校教导处充分挖掘学校优质教师资源，指定教研组和骨干教师承担。上课教师原则上须是县级以上骨干教师、学科带头人、学科中心组成员等，这一类公开示范课可与课题研究相结合进行成果推广。承担专家式全校公开示范课的教师课后要面向全校教师进行说课和讲座，学校邀请县级以上教师发展中心学科教研员或外校专家进行点评。通过上课说课高点评的高质量研讨活动，充分发挥骨干教师的示范引领作用，实现教研工作的专业引领，促进教师课堂教学能力的全面提升。

"三推进"校本教研公开课模式

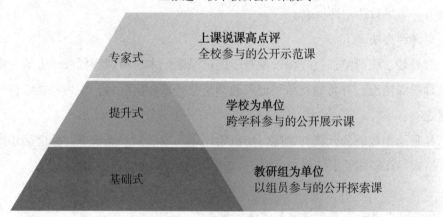

图2-1-2

3. 公开课要求

承担公开课的教师应精心备课，与组内教师交流切磋，在集体备课的基础上进行个性化展示，保证公开课的质量。教学设计要贯彻新课改理念，体现学校的教改方向，运用"二五一"思行课堂教学模式上课，展示个人的教学风格，提倡使用多媒体辅助教学。

4. 公开课组织

组内公共课由教研组长负责组织，校级公开课原则上由该学科年级备课组长负责组织（如备课组长要上公开课的则另安排教师负责），所在班级的班主任要协作做好听课相关准备工作。负责组织的教师需做好以下五项工作：一是安排听课所需凳子，凳子设在学生后面和靠墙两边，呈U型摆放；二是提前打印听课签到表，做好出勤记录；三是负责拍照存档；四是发放和回收课堂"二五一"思行课堂评价表；五是组织评课并上交评课情况小结。

5. 听课要求

听课是提高教师素质，提升教学质量的重要方式，教师们要积极、主动去听课。要求各教师每星期至少听1节以上校级公开课，一学期累计听课在15节以上。学校校级领导除管后勤的副校长外，每学期听课不少于30节，教导处、教研室主任听课每学期不少于35节。听课要做好现场签到记录，以现场签到和实际听课及填写"二五一"思行课堂听课记录本为准。

听课教师要遵守课堂听课纪律，提前进入听课教室，将手机铃声设为振动，不做与听课无关之事（如交谈、接听手机），不得影响学生听课。如没有特殊情况不中途离场，以示对执教者的尊重。要认真做好听课记录，并填写好"二五一"思行课堂评价表。

6. 考评办法

教导处、教研室通过查课、检查听课记录笔记本、听课签到表等方式，统计教师听课情况，并将检查结果记入教师量化考核相应项目，作为评优考核的依据之一。

凡是承担校级公开课的老师，均由学校印发校级公开课证书，证书描述内容、格式与评职称要求一致。

附："二五一"思行课堂教学评价量表

时间：_____ 班级：_____ 学科：_____ 授课教师：_____

课题				
一级指标	二级指标	评分细目及说明	权重（分）	得分
学生（50分）	1.自学	（1）准备到位，动作迅速。（2分） （2）动手动脑，扎实规范。（4分） （3）自主思考，提炼问题。（4分）	10	
	2.发言	（1）参与面大，发言踊跃。（3分） （2）敢于开口，不怕错误。（4分） （3）声音洪亮，简洁流畅。（3分）	10	

一级指标	二级指标	评分细目及说明	权重（分）	得分
课题				
	3.合作	（1）乐于参与活动，能在小组活动中与其他同学积极配合。（5分） （2）遇到困难时能大胆求助，勇于克服困难。（5分） （3）交流、倾听、质疑、争论、归纳等习惯良好。（5分）	15	
	4.展示	（1）能在展示中注意并理解他人的情感。（4分） （2）组间展示竞争充分，规范有序。（4分） （3）在展示中有信心，乐于表现自己。（4分） （4）点评准确，评价恰当。（3分）	15	
教师（30分）	1.学习目标	（1）学习目标全面、具体、准确。（3分） （2）目标导学，学法导引恰当具体。（2分）	5	
	2.问题设置	（1）目标有效分解，将知识任务化。（2分） （2）学案导学，将问题层次化和情境化。（2分） （3）合作学习的问题设置具体，明确恰当。（2分）	6	
	3.教学流程	（1）自学、合作交流、展示、测评等环节清晰。（3分） （2）课堂结构符合学科课型特点。（2分） （3）方法有机整合，交流充分。（2分）	7	
	4.组织调控	（1）及时掌握学情，收集问题，难点释疑启发点拨到位。（3分） （2）活动时间分配合理，讲解时间总和不超过15分钟。（2分） （3）合作方式选用合理。（2分） （4）展示突出重点，形式恰当，兼顾公平效益。（3分） （5）评价、追问、反馈、矫正、拓展及时有效。（2分）	12	
效果（20分）	目标达成	（1）学生当堂完成训练，目标达成率高。（10分） （2）学生思维活跃，状态积极，满意率高。（10分）	20	
总分				

第二节　黄埔学校"导融"诚正课堂

　　广东省阳山县黄埔学校创建于2019年9月，是广州市黄埔区完全出资按高标准建设的一所九年一贯制学校。学校环境优美，人文气息浓郁，是一所设施设备先进的现代化学校。学校围绕"格致诚正"的校训和"养诚守正"的校风，积极探索"诚正"文化教育，引领全校师生崇"诚正"之精神，齐"诚正"之态度，立"诚正"之品格，达"诚正"之境界，让"诚正"文化渗透到校园的每一个角落，浸润每位师生的心田。

　　寻根觅源，追寻"诚正"文化之根脉。

　　一是承接黄埔大爱精神。为纪念广州黄埔区委、区政府精诚奉献对口帮扶阳山的善行义举，故取名"阳山县黄埔学校"。

　　二是传承韩愈文化精神。韩愈是阳山历史上第一位有名字、史籍记载的县令，他重文兴教，传道授业，对阳山的历史文化产生了深远影响。韩愈在《原道》里认为："诚意""正心"的目的是齐家、治国、平天下。这正好与"诚正"文化相吻合，为了让韩愈文化得到传承和发展，阳山县黄埔学校决定以"格物致知，养诚守正"为主题打造学校文化。

　　三是依托精深的哲学思想。"格物致知，正心诚意"最早出现于《礼记·大学》，开篇即说："大学之道，在明明德，在亲民，在止于至善。知止而后有定，定而后能静，静而后能安，安而后能虑，虑而后能得。物有本末，事有终始。知所先后，则近道矣。古之欲明明德于天下者，先治其国；欲治其国者，先齐其家；欲齐其家者，先修其身；欲修其身者，先正其心；欲正其心者，先诚其意；欲诚其意者，先致其知，致知在格物。物格而后知至，知至而后意诚，意诚而后心正，心正而后身修，身修而后家齐，家齐而后国治，国治而后天下平。""格物致知，诚意正心"所蕴含的哲学精髓符合九年一贯制学校的育人规律和本质，所以将其确定为学校文化之根本。

四是彰显社会主义核心价值观。"诚"是指真心的意思。如诚恳、诚心、诚实、忠诚等。《礼记·中庸》就说："诚者，天之道也；诚之者，人之道也"。认为"诚"是人的根本属性，努力求诚以达到合乎诚的境界则是为人之道。又说"诚者，物之终始，不诚无物。"认为一切事物的存在皆依赖于"诚"。"诚"是社会主义核心价值观"爱岗、敬业"的具体体现。"正"指端正，与"歪"相对，即合于法则的，合于道理的。这一含义则更强调"正"字本身的规范性和严肃性。这正是社会主义核心价值观"公正、诚信、友善"的反映。基于此，学校以"格物致知，养诚守正"为主题打造学校文化，是培养德智体美劳全面发展的社会主义建设者和接班人的需要。

经过四年的努力，学校积极推动"诚正"文化的形成，使中小学生在环境优美、文化活动多彩、道德情趣高雅、校风教风学风优良的氛围中接受"诚正"文化的熏陶，获得优秀的品质、良好的习惯、健壮的体魄以及健全的人格，为中小学生的后续发展奠定扎实的基础。

一、"导融"诚正课堂教学模式的内涵

学校在"抱诚守真"的办学理念引领下，致力"质"造黄埔，科研兴校，细化并打造黄埔学子的"三诚""五正"。"三诚"指诚实做人、诚实学习、诚实生活；"五正"指德行端正、术业精正、体格健正、情趣雅正、技能巧正。在此基础上形成了"一训三风"，校训：格致诚正；校风：养诚守正；教风：立诚礼正；学风：笃诚至正。通过内诚其身，外正其容，达成培养"诚正之人"的育人目标。学校以学生发展为本，强化诚正文化精神，构建民主平等、自主合作、彰显个性、适度开放、竞争合作的生态课堂，通过不断的探索，在实践中积累经验，打造了"导融"诚正课堂教学模式，即以"导学案+小组合作"的方式把"诚正"文化融入教育教学当中，从而培养具有"诚意、正心"品质的少年。

"导融"诚正课堂涵盖"导（看、读、标）—探（探究、归纳）—思（质疑、二次思考）—解（解题、测评）—评（思想渗透、评学相促）—融（练习、生活应用）"六项内容。

导：引导。课前，以学习目标为导航，设计导学案让学生自主预习，目的是让学生初步感知新知识。课堂利用课前5分钟，检查导学案，反馈预习情况。以小组长"检查—反馈"、教师巡查的方式，了解学生对新知的掌握情况，及

时调整教学内容，提高课堂效率。

探：探究。围绕教学重难点，设计课堂探究内容，以小组合作探究的方式，课前明确小组成员的任务，以"合作探究（8分钟）—分享交流（5分钟）"的方式，让学生积极参与到学习当中，在小组合作探究中掌握知识，在分享交流中发现异同，从而产生质疑。

思：思考。这一内容贯穿整个课堂，以学生小组合作前的独立思考、小组合作后的反思为主。学生在合作探究时提出自己独立思考的看法，围绕分享交流中出现的异，进行二次思考，发散思维提出质疑。通过小组合作前后的思考、质疑，帮助学生发现问题的本质和真相，从而找到更好的解决方法。

解：解题。课堂上教师引导学生在感知新知基础上，有针对性的设计一些体现重难点的题目，利用5—8分钟进行当堂训练，让学生学以致用，达到学练相融效果。

评：评价。课堂上设计相应的评价支架（自评表、小组合作表），指导学生进行自我评价与小组评价（根据学科需要可以在每一个环节设计评价，也可以在总结收获时设计评价环节），达到学评融合，及时反馈课堂教学效果。

"融"：融合。指知识上的融合，学科上的融合，思想上的融合，达到育人的目标。

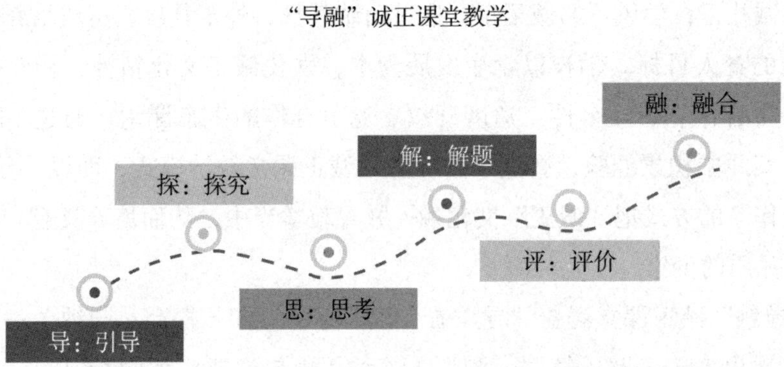

"导融"诚正课堂教学

融：融合
解：解题
探：探究
评：评价
思：思考
导：引导

图2-2-1

每个学科的课堂教学需要具备以上六项内容，把这六个内容，根据学科特点融入到以下的教学环节当中：检查导学，反馈预习—创设情境，激趣导入—合作探究，分享交流—评价反思，总结提升—当堂训练，知行融合。通过这几个教学环节，把"导—探—思—解—评—融"更好地融入课堂教学中，提高课堂教学效率。

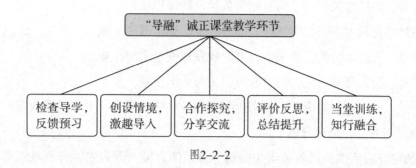

图2-2-2

二、"导融"诚正课堂教学模式的管理

（一）合作学习，"三分一实"

1. "一分"——科学分组

（1）整洁美观。即根据本班的实际人数或高矮进行编组，一般6人为一个小组。

（2）互助共长。即根据学生的综合素质进行编组，1、2号为综合素质强的学生，1号为组长，2号为副组长。

表2-2-1

学生小组合作学习座位安排（53人）								
6	1	3	6	1	3	4	2	
4	2	5	4	2	5	3	1	5
6	1	3	6	1	3	6	1	3
4	2	5	4	2	5	4	2	5
6	1	3	6	1	3		1	3
4	2	5	4	2	5	4	2	5

2. "二分"——明确分工

依据学生实际情况，以培养学生核心素养及各项能力为主进行分工。

1号：主要是组织本组的成员进行学习，记分与计分，总结每周小组的情况。

2号：协助组长记分，同时收发数学与物理作业。

3号：管理本组的纪律情况，同时收发历史与道法作业。

4号：管理本组的清洁卫生，同时收发地理与生物作业。

5号：登记背书情况，同时收发语文与英语作业。

6号：负责组内的内务，如书包的摆放、桌椅的摆放、书本的摆放等。

3. "三分"，细化分值

制定分值依据：以发展学生的德、智、体、美、劳为主，分别从课堂、作业、朗读、测试等方面对学生进行量化，细化分值，特制定了小组合作学习量化考核管理细则、小组成员考核表，而两个表的内容可以根据本班的实际情况调整。

（1）制定量化考核管理细则，明确考核标准。

小组合作学习量化考核管理细则

一、学习方面

（一）课堂

1. 有关上课问答

（1）抢答者得1分，答对得3分，答对且讲清楚小组得3分，答错不扣分；

（2）必答者答对得1分，答对且讲清楚得2分，小组得2分，答错个人扣1分，小组扣1分；

（3）每组1号答对且讲清楚加1分，2号加2分，3分加3分，4号加4分，5号加5分，6号加6分，以此类推。

2. 有关讲题：上课主动到讲台上讲解且能够讲对讲清楚的，个人量化加2分，小组加2分。

（二）学科作业

1. 迟交作业小组扣1分，个人量化扣1分。

2. 不交作业小组扣5分，个人量化扣5分，组长扣2分。

3. 抄袭作业者，个人量化扣5分，小组扣5分，属小组自己举报的，小组不扣分；

4. 得到老师表扬的，小组加3分，个人加3分，小组长加3分。

5. 被老师批评不认真者，小组扣2分，个人量化扣2分。

（三）朗读（包括晨读、早读、课前读、经典诵读）

不读出声，太小声的，做与朗读无关的，个人量化扣2分，小组长扣2分；全组朗读声音洪亮、整齐的，全组加2分，小组长另加2分。

（四）测试

1. 平均分小组前三名的，分别加10分、8分、6分，平均分倒数后三名的，分别扣5分、4分、3分；

2. 满分者的小组加5分，个人量化加5分；个人进步超过10名的，个人量化加5分，组长加5分；

3. 每次小测试按各科老师要求，如语文考80分以上，个人量化加2分。月考、期中考试达到目标分数以上，个人量化加2分。考试总分进步10分的，另加2分。

（五）背诵、听写

1. 按时完成背诵任务的，即当堂背过的个人量化加10分，应该早上背诵而前一天背的，个人量化加5分，小组加5分；应该下午背诵而早上背的，个人量化加3分，小组加3分。

2. 小组全部组员背诵或听写当天按时通过的，小组加10分，小组长加15分。

（六）笔记、做题

1. 认真做好课堂笔记、导学案的，个人量化加2分，小组全部完成的小组加2分，小组长加2分。

2. 除了按时完成且保证质量，每天主动多做一道大题或者10道小题的，经老师签字确认后个人量化加5分，封顶10分。

3. 假期做题：每多做一套题，经教师签字确认的，个人量化加5分，小组加5分。

二、量化结果运用

1. 量化成绩前三名的小组享有优先选择本组座位的权利。

2. 对优秀学习小组进行张榜表扬；对总分前10名、进步超5个名次的张榜表扬；学校每月对各班优秀学习小组总分第一名予以表彰；对各班个人总分前五名予以表彰，并记入学生档案。

（2）设计小组成员考核表，反馈学生学习情况。

表2-2-2

组长：　　　　　　　　阳山县黄埔学校学习小组成员考核表

第　　　周（　月　　日至　月　　日）

编号	姓名	星期	学习															合计
			课堂（问答/讲题）									作业	朗读	测试	背通	笔记		
			早	1	2	3	4	5	6	7	8				听写			
1		一																
		二																
		三																
		四																
		五																
2		一																
		二																
		三																
		四																
		五																
3		一																
		二																
		三																
		四																
		五																
4		一																
		二																
		三																
		四																
		五																

编号	姓名	星期	学习										作业	朗读	测试	背诵 听写	笔记	合计
			课堂（问答/讲题）															
			早	1	2	3	4	5	6	7	8							
5		一																
		二																
		三																
		四																
		五																
6		一																
		二																
		三																
		四																
		五																
小组集体 积分																		
小组每周 记事																		

记录人签名：

4."一实"——落实到位

（1）量化要落实。各班主任根据小组合作学习量化考核管理细则对学生进行学习过程性评价，每个月汇总，并由级长上交量化考核表到教导处存档。

（2）奖惩要落实。各班的其中一块班展栏每个月需要有三个优秀小组与五名优秀小组成员的公示情况，可图文并用，并把公示内容拍照发送到教导处。

（二）检听研测，促进提升

1. 以"检"落实集备工作

根据"导融"诚正课堂的教学模式，每周各学科开展集体备课活动需要做到"六备一修"，"六备"：备目标、备重难点、备导学内容、备新知、备合作探究问题、备融合之题；"一修"：根据本班的实际情况，对集备进行修改，进行二次备课，以提高课堂教学效率。

为有效地落实课堂，学校用"三检"的形式反馈集备效果。备课组长每周一检：检是否有提前一周备课、所备内容是否符合"导融"诚正课堂模式、是否体现学评融合、知行融合；教研组长每月一检：检备课组是否有每周一检、是否有集体备课、是否有二次备课；教研室每月抽检：教研组是否有正常开展教研活动、是否每次活动都有主题、是否有正常开展每月一检。以"检"了解教师的常规工作是否有序开展，通过"检"引导每个教师反思自己的常规工作。

2. 以"听"落实课堂教学

为了进一步了解教师最常态的、最真实的课堂，根据"学练相融、学评融合、知行融合"的课堂理念，以课堂教学为阵地，以构建有效课堂为着力点，采用"推门听课""巡课"的方式，要求教导处、教研室成员、教研组长、备课组长每周至推门听一节本学科的课堂，及时对听课教师提出反馈意见，有问题当场指出，以时刻提醒教师认真对待各项工作，让课堂活起来，从而提高教师的教学水平。"巡课"要求巡堂时教师按时间段听取课堂，是否符合课堂教学模式，课下与老师进行反馈，力求把四十分钟抓实，抓到位，做到导学融合，高质轻负。

3. 以"研"落实教研活动

为了更好地展示"导融"诚正课堂的效果，学校形成校级探索课、校级优质课、校级展示课的"三级公开课"模式。开学初，规划各级公开课的时间，每个学期都用三周的时间开展校级优质课，两周学校校级展示课，一周开展"小初"衔接公开探索课，其余周为校级探索课。每次活动都有讨论，有记录，有评价，有总结。教学教研活动的开展，为教师的专业成长搭建了舞台，让教师"动"起来，让教师们学有所得，研有所乐。

4. 以"测"反馈教学效果

做好每月素养练习、期中素养练习和期末检测，做到有目标、有计划、有措施、有落实，确保质量检测工作公平、公正、真实有效，并对练习和检测结果进行细致分析。质量分析能从上课效果、辅导力度等施教的角度去找原因，想对策，从而制定出"强优纠差"的措施，进一步提高教学质量。

第三节 太平中学"三段四环"敏行课堂

广东省阳山县太平中学是一所乡镇初级中学，也是阳山县较早创办的乡镇初级中学之一，创立于1958年，其前身是位于太平墟镇大庙街的"敏仕"学校。太平中学于1966年8月迁移到佛仔岗，1966年至1968年是两年制初级中学，在1968年至1981年大多数时段（1974至1978年除外）曾为有高中的完全中学，1981年下半年后至今又恢复为初级中学。历经六十多个春秋，形成了以"爱校、守纪、诚信、和谐"为校风，以"忠诚、团结、勤奋、拼搏"为教风，以"勤学、善疑、刻苦、进取"为学风的校园文化，全面实施素质教育。学校先后被评为"全国青少年校园足球特色学校""广东省校园足球推广学校""广东省五四红旗团委""广东省特级档案综合管理单位""清远市绿色学校"等，培养出一批又一批各级各类优秀人才，得到了国家教委和农、林、渔业部的充分肯定。骄人的办学业绩倾注了各级领导的关爱，其凝聚着所有"太中人"的心血，依靠的是一代一代"太中人"传承用心、勤勉、审慎的工作和学习态度。

梳理文化历史发现，太平镇地处阳山县南部，有史记始于明代，民国三年始建制太平区，是因境内丘陵、地势较为平坦而得名。太平镇是阳山县最早创办学校教育的地方之一，早在1932年就开办了"敏仕"学校，建校时提出了"传承文明、开启太平"的教育理念，立校的目的就是希望所办学校能够培养学子成为"敏达之仕"，鼓励学子们勤奋学习，成为"谦谦君子"事业有成，成为"爱国之仕"报效国家。太平镇人历来崇文尚德，重视教育，用心工作、用心做事是太平人的良好民风。太平镇党委、政府非常重视教育事业的发展，经常深入学校调研，为学校办实事、办好事，切实解决教育改革与发展过程中遇到的困难，并积极鼓励社会力量助学、办学，形成了党以重教为先，政以兴教为责，民以支教为乐，商以助教为善，师以从教为荣的良好局面。太平教育一直是阳山县教育的一面旗帜，学校各类教育成绩斐然，学生学业成绩一直位居各乡镇的前列。师生们用心、勤勉的工作和学习、追求真理、崇尚真诚的精神，是太平人的精神，也是太中人的精神。

一、"三段四环"敏行课堂教学模式的内涵

"敏"在《说文解字》中有聪慧、勤勉、用心、审慎的意思。《论语·里仁》一书中有"君子欲讷于言而敏于行"。"敏"是一种品德，孔子曾说："恭则不侮，宽则得众，信则人任焉，敏则有功，惠则足以使人"，将"恭""宽""信""惠"与"敏"列为五德，是孔子思想体系的重要内容。

"敏行"文化传承了阳山韩愈文化中"勤政爱民"中的勤勉，也是"敏行"的体现，传承了韩愈在阳山注重教化民风、教人求真。当时唐贞元十九年（803）韩愈被贬到阳山做县令。面对当时的穷山恶水，韩愈并没有消极处世，而是以社稷为重，勤政爱民、廉洁奉公，施农耕、行仁政、兴文教，使百姓知制度、识诗书、守礼义，从而改变了阳山县蛮荒穷困的面貌，使一方山水成为守法知礼、亲善睦邻之乡。韩愈的文明开化也根植于世代阳山人的血脉。

党的十八大提出二十四字的社会主义核心价值观，而太平中学"敏行"文化也正是体现和融合了社会主义核心价值观。太平中学前身是"敏仕"学校，是希望能够培养学子成为"敏达之仕、爱国之仕"能够报效国家，这恰恰就体现了"爱国"的时代要求，要求师生要以振兴中华为己任，促进民族团结、维护祖国统一、自觉报效祖国。因此也体现了张德江时任广东省委书记提出的"三个希望"即鼓励学生"读书是个人的希望，读书是家庭的希望，读书是国家的希望"。太平中学"敏行"文化中强调师生要用心工作、用心学习，这体现和融合了社会主义核心价值观的"敬业"要求，即忠于职守，克己奉公，服务人民，服务社会，充分体现了社会主义职业精神。而"敏行"文化中强调师生要追求真理、追求真知、崇尚真诚，充分体现了社会主义核心价值观的"诚信""和谐"的要求，即是强调诚实劳动、信守承诺、诚恳待人，即是强调师生之间应互相尊重、互相关心、互相帮助，和睦友好，努力形成新型人际关系。

太平中学"敏行"文化强调师生用心、勤勉的工作和学习，追求至真、至善、至美的境界，也充分体现和融合了习近平总书记在全国教育大会上的讲话精神和教育思想，即要坚持改革创新，以凝聚人心、完善人格、开发人力、培育人才、造福人民为工作目标，培养德智体美劳全面发展的社会主义建设者和

接班人。教师承载着传播知识、传播思想、传播真理，塑造灵魂、塑造生命、塑造新人的时代重任。要在增长知识见识上下功夫，教育引导学生求知问学，增长见识，丰富学识，沿着求真理、悟道理、明事理的方向前进。

太平中学"敏行"文化也充分体现和融合了"厚于德、诚于信、敏于行"的新时期广东精神，而"敏于行"是广东省引以为豪的地域精神特质，是广东精神不断发展并永葆生机的内在动力，即是敢为人先，勇于探索，先行先试，注重实干，敏于行动、务实不张，善于应变、灵活变通。

基于以上因素，以"敏行"为核心的学校文化，既符合太平中学的校情，有优秀传统文化在传承和厚重的历史积淀，又有现代的融合和发展。因此，太平中学确定以"敏行"为文化建设主题，构建师生用心做事、勤勉的工作和学习、敏捷行动、审慎说话、追求至真至善至美的境界的特色文化，有利于促进师生的发展和办学品位的提升，达到"惠敏太平"的目的。

"三段四环"敏行课堂，是太平中学基于对"敏行"文化深刻理解和实践探索而形成的一种教学模式。该模式旨在以"敏行"为引领，通过科学、高效的课堂教学，培养学生的敏捷思维、勤奋精神和实践能力，进而实现学生的全面发展。

"三段"是指课堂教学的三个阶段：课前准备阶段、课中实施阶段和课后反思阶段。课前准备阶段：教师需充分研读教材，明确教学目标，设计合理的教学方案，并准备好相关教学资源；学生则需提前预习，了解课堂内容，为学习新知识做好铺垫。课中实施阶段：教师要灵活运用多种教学方法和手段，激发学生的学习兴趣，引导学生积极参与课堂活动，深入思考问题，实现知识的内化与迁移。课后反思阶段：师生共同总结课堂得失，梳理知识点，强化记忆，为下一节课的学习做好准备。

"四环"是课中实施阶段的具体环节：激趣导入、探究新知、巩固拓展和归纳小结。激趣导入环节：教师通过创设情境、提出问题等方式，激发学生的学习兴趣和好奇心，为新课的学习奠定良好的情感基础。探究新知环节：教师引导学生通过自主学习、合作探究等方式，深入探究课堂内容，发现问题、解决问题，培养学生的自主学习能力和创新精神。巩固拓展环节：教师设计有针对性的练习和实践活动，帮助学生巩固所学知识，拓展思维空间，提高应用能力。归纳小结环节：教师引导学生对所学知识进行梳理和总结，形成知识网络，加深对知识的理解和记忆。

在"三段四环"敏行课堂的实施过程中，我们始终坚持以"敏行"为核心，注重培养学生的敏捷思维、勤奋精神和实践能力。我们鼓励学生敢于质疑、勇于探索，培养他们独立思考、解决问题的能力；我们倡导学生勤奋学习、刻苦钻研，培养他们持之以恒、追求卓越的精神；我们注重学生的实践活动和实际操作，培养他们的动手能力和创新意识。

二、"三段四环"敏行课堂教学模式的管理

（一）组织的建构

1. 组合原则

将全班学生分为若干小组，每小组一般5名成员，情况特殊也可以是6名或者7名，每组里至少有1名女生。选取成绩相对较好又有管理能力的同学担任组长，依据学习成绩并参照性格、居住地址就近原则划分。另外小组成员中保证成绩优秀学生至少1人，成绩中等学生2人，较弱学生1人。组长带领组员共同商讨组名和组口号。（文雅、有特色和寓意）并在班会课展示。

2. 组员分工及各自职责

1号：组长，学习角色是全面负责小组学习组织工作；3号：副组长，学习角色是负责小组的记录工作；2号是卫生天使；4号是纪律天使；5号礼仪天使等。1号和2号结对，3号和4号结对，1号和2号并肩坐，3号和4号并肩坐，便于对子间帮扶。可以指定组内1号兼英语组长，3号为语文组长和4号数学组长，每一个成员兼任一科的组长，负责一个学科的组内学习、作业事项等。

3. 制作小组组牌

根据确定的小组成员名单，学生调整好座位，统一命名。小组内学生合作做好组牌。组牌上除要写清组名外，其他内容由各小组自由安排。组牌形状可以多样，但要注重美观、实用。有了组牌，便于课堂管理。

4. 统一制作小组、班级学生合作学习积分表

每班制作一个大的组和个人得分表，每周统计一次，由班长负责公布得分；每个小组制作一个统计表（每节课组里和个人得分），由3号负责每天每节课的记录和每天的小计。

（二）组织的目的

1. 转变学生的学习理念

要求各小组每天轮流在黑板上写一句能够激励学生自主学习的格言，培

养学生的自信心、积极性、主动性，解决学习动力问题；通过校讯通宣传学校课堂教学改革的意义，让广大家长积极支持学生参与合作学习；班内设置一些合作学习的标语，各小组的口号等营造浓厚的合作学习氛围；通过黑板报的栏目——"小组大擂台"，营造快乐、和谐、高效的氛围。

2. 提高合作学习的技巧

给学生介绍一些关于合作学习的规则和要求；教给学生预习的方法、自学的方法、探究的方法、收集信息的方法，培养学生自学能力；教给学生成对合作学习如何互帮互助，做到"你说我听""我背你听""你做我检查"；教给学生合作学习如何讨论，解决疑难问题，合作学习如何展示、辩论和竞赛，培养学生合作学习的能力。

（三）组织的实施

1. 年级主任和班主任每月组织一次"学习小组长沙龙"

组长间进行交流，教师听取并指导，旨在充分调动小组长的积极性和提升组长管理水平。小组汇报时，不一定是成绩好，胆量大的才代表小组汇报，要鼓励不爱发言的学生汇报，成员可以在汇报时进行补充，对于这样的小组，教师要给予加分。

2. 扎实拓展小组多元合作评价机制

学习成绩测评每周、每单元、期中、期末的数学、语文、英语以及其他科目测试成绩作为评价的主要依据；每次测验之后，由1号学生统计小组成员几科的总分，并且与上次排名进行对比，每进步一个名次加10分，退一个名次扣8分；然后由科代表进行全班小组排名，并且与上次排名对比，选出进步小组，对于成绩有进步的小组，每进步一个名次，全组成员每个人加5分。

3. 作业完成情况

对于任课教师布置的作业，小组成员互相督促，遇到疑难问题相互探讨解决。小组的科代表在收作业时将不交或迟交作业的同学，实行扣分将结果告诉3号学生进行记录。

4. 课堂表现

课堂上积极主动举手发言，答对者每次加1分；能提出有价值问题者加3分（当一个同学回答问题错误时，同组的其他同学可以给予补充，当有其他组同学竞争回答问题时，同组组员享有优先权。）

5. 行为习惯养成

要求学生认真遵守学校的《日常行为规范》，按规定时间到校，佩带校卡、穿校服，主动捡拾垃圾，不在楼道、教室里追逐打闹，有秩序地上下楼梯，讲好个人及公共卫生，对人有礼貌等。违反者按学校的文明班细则扣分，谁违规扣谁的2分，由3号记录在"表二"，同时该小组扣所扣分数的一半。（分数学校有规定）由班长记录在汇总表。

（四）奖励措施

各组分项成绩汇总表（周）（由班长负责填写）根据上面各项汇总周结表。小组的奖励实行"一荣俱荣"原则。在学习小组之间开展流动金星学习小组的竞争活动，以此来激发活力，提高小组内成员的凝聚力，对先进小组和小组长进行奖励——随月考小组成绩和平日量化考核的结果，全班共设3个"金星"学习小组，由班长统计各个小组的最后得分，每周的班会公布一次，进行颁奖。每月进行全校性的颁奖和奖励，并采取多种方式鼓励取得优异成绩的小组和个人，除设立"金星"学习小组之外，还设立最团结小组，成员进步最大小组，课堂最佳表现组，黄金搭档，最佳发言人，同时采取星级奖励，设立如："卫生之星""管理之星""学习之星""合作之星""进步之星"等激励措施，增强动力。

（五）太平中学"敏行课堂"的"五动"要求

动脑：跟上老师思路，积极思考问题，善于举一反三。

动眼：细心认真观察，专注黑板课本，始终全神贯注。

动口：敢于不耻下问，勇于回答问题，善于表达观点。

动耳：聆听老师讲解，倾听同学表达，凝听别人意见。

动手：自动记好笔记，主动做好练习，勤做实验操作。

第三章

课堂改革的
教学案例

3

第一节　韩愈中学"二五一"思行课堂案例

数学学科教学案例：《一次函数与正比例函数》教学设计

【设计理念】

一次函数与正比例函数是数学中的基础概念，它们是理解和研究更高级数学概念的基础。然而，许多学生觉得这些概念抽象且难以理解。因此，我们的设计理念就是要把这些抽象的概念转化为具体的、有趣的形式，帮助学生清晰地理解概念。本节课的设计理念是以学生为中心，注重学生的主体性和实践性。我们不仅仅要告诉学生一次函数和正比例函数的定义，更要引导他们通过探索和实践来自主发现概念。让学生参与概念的构建过程中，他们才能够更深入地理解这些概念，并且能够更好地应用它们。

【学生起点分析】

在七年级下期学生已经探索了变量之间关系，在此基础上，本章前一节继续通过对变量关系的考察，让学生初步体会函数的概念，能通过两变量之间的关系，判断是否可将这两个变量看作函数。本节课进一步研究其中最简单的一种函数——一次函数。由于有前面内容的铺垫，学生已经会建立变量之间的关系，可能有部分学生表述上还不太规范，在教学中，教师要注意纠正学生的一些错误习惯，如将解析式写成$x+y=1$，$x-y=-1$等，培养学生良好的书写习惯。

【教学目标】

1. 理解一次函数和正比例函数的概念；

2. 能根据所给条件写出简单的一次函数表达式。

3. 经历一般规律的探索过程，发展学生的抽象思维能力；

4. 经历从实际问题中得到函数关系式这一过程，发展学生的数学应用能力。

【教学重点与难点】

1. 重点：理解一次函数和正比例函数的概念。

2. 难点：能根据所给条件写出简单的一次函数表达式，发展学生的抽象思维能力。

【教学过程】

（一）复习回顾

1. 什么叫函数？

如果在一个变化过程中有两个变量 x 和 y，并且对于变量 x 的每一个值，变量 y 都有_____的值与它对应，那么我们称 y 是 x 的函数，其中 x 是_____，y 是_____。

2. 函数的表示方法有_____、_____、_____。

设计意图：通过回顾函数的定义和表示方法，为接下来的一次函数和正比例函数的学习打下基础，同时帮助学生建立起对函数的整体认知。

（二）新课学习

1. 合作探究

（1）例题

① 某弹簧的自然长度为3cm，在弹性限度内，所挂物体的质量 x 每增加1kg，弹簧的长度 y 会相应的增加0.5cm。

a. 计算所挂物体的质量分别为1kg、2kg、3kg、4kg、5kg时弹簧的长度，并填入下表：

表3-1-1

x/kg	1	2	3	4	5
y/cm					

b. 你能写出y与x之间的关系式吗？$y=$_____。

② 一棵树现在高50cm，每个月长高2cm，x个月后这棵树的高度为y cm. 则y与x之间的关系式为$y=$_____。

③ 汽车以60km/h的速度匀速行驶，行驶路程为y（km）与行驶时间x（h）之间的关系为$y=$_____。

④ 圆的面积y（cm^2）与圆的半径x（cm）之间的关系为$y=$_____。

观察这些函数关系式的结构特征，你能把他们分类吗？说出你的分类理由。

（2）小结归纳

① 一次函数与正比例函数的概念：若两个变量x，y间的对应关系可以表示成$y=kx+b$（k，b为常数，$k\neq 0$）的形式，则称y是x的_____。特别地，当_____时，则称y是x的_____。

② 一次函数与正比例函数的关系：正比例函数_____一次函数，一次函数_____正比例函数。（填写"一定是""不一定是"或"一定不是"）

设计意图：引导学生观察这些实例，发现它们的共同点：都是两个变量之间的关系，其中一个变量是另一个变量的线性变换。引出一次函数的概念：形如$y=kx+b$（$k\neq 0$）的函数称为一次函数，其中x是自变量，y是因变量，k和b是常数。

（3）对应练习

下列函数中_____是一次函数，_____是正比例函数（填序号），并找出相应的k、b的值。

① $y=4x+1$；　　② $y=5x^2-6$；　　③ $y=-\dfrac{x}{2}$；　　④ $y=\dfrac{2}{x}$

设计意图：通过巩固练习，让学生进一步掌握一次函数和正比例函数的概念和性质，并提高他们的应用能力和解决问题的能力。

2. 交流展示

（1）若函数$y=mx-2$是关于x的一次函数，则m_____；

（2）若函数$y=(m+1)x-2$是关于x的一次函数，则m_____；

（3）若函数$y=(m+1)x+(m^2-1)$是关于x的正比例函数，则m_____。

设计意图：通过练习，让学生进一步熟悉一次函数和正比例函数的性质，提高他们对这些概念的应用能力。同时，通过让学生解决具有挑战性的问题，培养他们的创新思维和解决问题的能力。

3. 释疑提升

例题：我国自2011年9月1日起，个人工资、薪金所得税征收办法规定：月收入低于3500元的部分不收税；月收入超过3500元但低于5000元的部分征收3%的个人所得税，……如某人月收入3860元，他应缴纳的个人所得税为（3850－3500）×3%=10.8（元）。

（1）当月收入大于3500元而又小于5000元时，写出应缴所得税y（元）与月收入x（元）之间的关系式；

（2）某人月收入4160元，他应缴所得税多少元？

（3）如果某人本月缴所得税19.2元，那么此人本月工资、个人所得税分别是多少元？

设计意图：通过实际问题的引入，让学生感受一次函数在实际生活中的应用，并学会如何根据实际问题建立一次函数模型。同时，通过让学生自主解决问题，培养他们的独立思考能力和解决问题的能力。

4. 达标检测

（1）某种大米的单价是2.2元/千克，当购买x千克大米时，花费为y元，则y与x的函数关系式为＿＿＿＿＿＿，y是x的一次函数吗？是正比例函数吗？

（2）在函数（1）$y=-4x$，（2）$y=x-5$，（3）$y=\dfrac{3}{x}$，（4）$y=2x^2-3x$，（5）$y=\sqrt{x-2}$，（6）$y=\dfrac{1}{x-2}$中是一次函数的是＿＿＿＿＿＿，是正比例函数的是＿＿＿＿＿＿。

（3）若函数$y=-5x+a+2$是关于x的正比例函数，则$a=$＿＿＿＿＿＿。

（4）若函数$y=(m-2)x^{m^2-3}+3$是一次函数，则m的值为＿＿＿＿＿＿。

设计意图：通过课堂检测，检验学生对一次函数和正比例函数的理解程度，以及他们应用这些概念解决实际问题的能力。同时，通过让学生自我评估，帮助他们发现自己在学习过程中的不足，为后续的学习提供参考。

（三）回顾小结：这节课你有什么收获？

设计意图：通过课堂小结，帮助学生梳理本节课的知识点，加深对一次函数和正比例函数的理解。同时，引导学生将数学知识与实际生活相结合，培养他们的数学应用意识和实践能力。

（四）布置作业

（1）课本北师大版数学八年级上册：82页第1、3题；

（2）练习册：本节课时练习。

【教学反思】

（一）本课时在初中数学学习中的重要性

函数是初中阶段数学学习的一个重要内容，学生是第一次接触函数，充分考虑学生的接受能力，本节从生动有趣的问题情景出发，通过对一般规律的探索，从实际问题中抽象出一次函数和正比例函数的概念。又通过具有丰富的现实背景的例题，进一步理解一次函数和正比例函数的概念，为下一步学习"一次函数图象"奠定基础，并形成用函数观点认识现实世界的能力与意识。

（二）怎样对学生进行引导

本节课的教学对象是八年级学生，他们的参与意识较强，思维活跃，对研究常量的计算问题已掌握了一定的方法，但对函数、变量的变化规律的学习刚刚开始，抽象概括概念的能力尚显不足，为此，我力求从以下三个方面对学生进行引导：

（1）从创设问题情景入手，通过知识再现，孕育教学过程。

（2）从学生活动出发，通过以旧引新，顺势教学过程。

（3）借助探索，通过思维深入，领悟教学过程。

（三）注意改进的方面

在讨论之前，应该留给学生充分的独立思考的时间，不要让一些思维活跃学生的回答代替了其他学生的思考，掩盖了其他学生的疑问。教师应对小组讨论给予适当指导，包括知识的启发引导、学生交流合作中注意的问题及对困难学生的帮助等，使小组合作学习更具实效性。

（本课设计者：阳山县韩愈中学　叶兰香）

英语学科教学案例：*We will have a class fashion show* 教学设计

【本课主题】

本课是科学普及出版社的英语八年级下册Unit8 Topic1的第2课，听说课型。属于"人与自我"主题范畴中"生活与学习"，对应的内容为"多彩、安全、有意义的学校生活"以及"丰富、充实、积极向上的生活"。

【语篇研读】

〈what〉本课由Jane，Maria，Kangkang和Michael在服装店里购买参赛服装，谈论服装的效果为切入点，初步学习"so...that..."引导的目的状语从句和"such...that..."引导的结果状语从句，并学会区分"so...that..."和"such...that..."的用法。通过购买参赛服饰，从而引出更多有关服装的词汇和描述穿着效果的常用表达等。

〈why〉通过Jane，Maria, Kangkang和Michael的对话，学习"so...that..."和"such...that..."句型，让学生能够自如地谈论与服装相关的话题并选择适合自己的服饰，引导他们积极参与班级和学校的活动，建立集体荣誉感，同时培养学生们对服装文化的兴趣，感受多彩生活的同时引导学生正确认识美，提升他们的审美情趣。

〈how〉本节课主要通过在听前、听中、听后设计不同的任务，如听前以图文并茂形式学习新单词；听中以听选信息、听填信息、模仿朗读；听后以选词填空、讨论分享来呈现本节课的重难点。

【学情分析】

八年级（1）班学生，虽然有优生，但中等生及中等偏下学生是全班学生的主力军，能力较弱学生比例占全班比例的30%以上。因此当前要下大力气培养尖子生，树立榜样作用。重视中游学生，调动他们的积极性，不仅教会他们知识，更要提高他们的能力。带动下游学生，减少能力较弱学生，善于发现他们身上的闪光点，及时予以表扬，增强其自信心，鼓励他们在原有的基础上不断进步。本课是学生比较熟悉的举办班级时装秀，因此，创设贴近学生兴趣和生活的情境，小组合作调动学生的积极性，激发其兴趣，让学生在真实的语言环境下学习语言，并运用所学语言。

【教学目标】

1. 掌握新词汇：pocket，windbreaker，size，leather，pretty，handsome等。

2. 区分 "so...that..." 和 "such...that..." 引导的结果状语从句。

3. 掌握 "so...that..." 的用法。

4. 掌握听选信息和模仿朗读的一些技巧。

5. 运用所学目标语言，口头为参加班级服装秀的同学挑选服装并说明原因，提升学生的审美情趣，帮助学生建立集体荣誉感。

【教学重点与难点】

1. 重点

（1）：获取 Jane，Maria，Kangkang和Michael在服装店里购买参赛服装，谈论服装的效果，完成听选信息和听填信息；使学生掌握并会转换 "so...that..." 和 "such...that..." 引导的结果状语从句。

（2）按照正确的意群及语音语调模仿朗读 1a的对话。

2. 难点

运用所学目标语言，口头介绍小组模特参加班级服装秀选用的服装及原因，提 升审美情趣，并建立集体荣誉感。

【教学策略】

Audio-lingual method, Situational teaching, Task-based learning method.

【辅助教具】

pictures, blackboard, cards

【教学过程】

Step 1 Lead-in

1. Class task：To help me dress up the players.

There will be a fashion show in our school next Monday.

Zhongyiming and Chixiangqi will take part in the show. But I don't know how to dress them up. I need your help. And I hope you can help me to solve the problem in this class.

2. Check the guiding paper.

3. Watch a video about clothes and then speak out the name of the clothes as many as you can.

设计意图：利用海报展示——学校要举行时装秀的活动，我们班的钟一鸣和池湘媜作为代表参加比赛，通过学习本课内容，帮助教师一起为参赛者搭配参赛衣服。创设情境，明确课时任务，产生学习期待。激活学生已有主题词汇及知识储备。

Step 2 Pre-listening

（1）Learning the new words with pictures and description.

（2）PK the new words among groups.

设计意图：1. 通过看老师和同学所穿服饰的真实场景，激发学习趣味性，同时学习服饰相关的词汇，初步感知so that和...such...that...句式，为后续的听力理解作铺垫。2. 通过小组PK朗诵单词，检测学生对新单词的掌握情况。

Step 3 While-listening

Activity 1 听选信息

（1）What does Jane think of the cotton pants?

(Very nice. /   Very cool. /   Very cute.)

（2）What size would Michael like to take?

(Size S. /   Size M. /   Size L.)

（3）How does Maria like the blue windbreaker?

(Great ./   Beautiful. /   Perfect.)

Activity 2 Finish 1b

A _____ B _____ C _____

D _____ E _____ F _____

Kangkang would like _____ . Michael wants to buy _____ .
Jane would like to buy _____ . Maria wants _____ .

图3-1-1

Activity 3 模仿朗读

（1）跟录音读，注意语音语调。

（2）小组朗读。

（3）分组朗读比赛。

Activity 4 Analysis the key points and the sentence structures.

设计意图：听中运用恰当的听力策略获取听力信息，帮助学生理解对话内容，培养学生准确获取、梳理和整合的能力。通过全班齐读、小组竞赛读等不同形式的操练，训练学生的语音语调，扎实文本，为接下来的输出活动打下扎实的基础。

Step 4 Post–listening

Activity 1 选词填空

with, take, windbreaker, clothing, so, buy

Everyone is preparing for our fashion show. Now Kangkang，Jane，Maria and Michael are in a _____ store. They are buying clothes. Kangkang would like to buy the T-shirt and the cotton pants _____ two big pockets. Michael wants to buy a blue _____ so that he will look great. And he _____ size M. Jane's hat is _____ nice that she looks beautiful. Maria wants to _____ a leather jacket that she looks great.

Activity 2 Finish part2

Make sentences according to the example.

图3-1-2

Example：

Michael wants to buy the cool windbreaker so that he will look great.

Michael is wearing such a cool windbreaker that he looks great.

Activity 3 Have a discussion and do a report.

为了活跃我校初中生青春、阳光的思想，我校将举行"阳光下成长"服装展示大赛，八（6）班的钟一鸣和池湘媄将会代表我们班参加此次比赛，现在请你们以小组为单位一起为他们搭配此次比赛的服装，并说出搭配的目的，然后小组成员在班上进行分享。

表3-1-2

Students	What does he/she wear?	Why does he/she wear?
S1		
S2		

You may begin like this：

I would like to choose the jacket for ×××. It's so cool that he looks handsome. And ××× should wear a dress. It's such a beautiful dress that she looks pretty.

设计意图：从课本走向现实生活，学生通过小组合作学习，在联系实际生活的班级时装秀需要"Dressing the Players"的真实情境中，创造性的运用所学知识和技能，学以致用，培养学生在真实情境中运用所学知识解决，实际问题的能力，锻炼口头表达能力，推动迁移创新。

Step 5 Homework Menu

Activity 1 Summary and homework

（1）Required Homework（必做）

①读1a3次，口头复述1a2次。

②完成练习册P74第一、第二题。

（2）Optional Homework（选做）

以小组为单位，通过小组合作用so … that…，such …that … 以及 … so that …句型描述组员理想中的穿着，明天课前分享。

Activity 2 Self-assessment（自我评价）

表3-1-3

Items	Yes	No	I'm not sure.
Can Iread the new words? 我会读单词了吗?			
Can I read 1a by oneself? 我会读1a了吗?			
Can I use "so...that...", and "such....that..." ? 我会用so that和such...that...句型了吗?			
I still can't understand...我还不懂的有...			

（本课设计者：阳山县韩愈中学　毛玉贞）

道德与法治学科教学案例：《共圆中国梦》教学设计

【教材分析】

《共圆中国梦》分为"圆梦大舞台"和"自信的中国人"两目内容。第一目"圆梦大舞台"主要阐述中华民族实现中国梦的历史机遇及国家层面实现中国梦的要求；第二目"自信的中国人"阐明在实现中国梦的道路上要树立国家自信、民族自信，同时将国家、民族自信同个人自信紧密联系起来，激发共同实现中国梦的热情。本课是全书最后一个教学内容，帮助学生正确理解实现中国梦的途径，懂得如何做自信的中国人，是全书教学内容的落脚点。

【学习目标】

1. 政治认同：增强民族自豪感和民族自信心，具有强烈的国家认同感、与国家民族休戚与共。

2. 道德修养：树立个人梦想与中国梦紧密相连的意识，培养学生做自信中国人的胸怀。

3. 法治观念：树立崇高的社会理想，做自信的中国人，时刻准备承担中华民族伟大复兴的历史使命。

4. 责任意识：将个人成长与祖国发展相结合，明确青少年在实现中国梦的过程中所肩负的责任和使命。

【教学重点与难点】

1. 重点：如何实现中国梦？
2. 难点：如何做自信的中国人？

【教学过程】

（一）导入新课

师：同学们，两个百年奋斗目标是什么？实现了没有？

第一个百年奋斗目标是全面建成小康社会，第二个百年奋斗目标是建成富强、民主、文明、和谐、美丽的社会主义现代化强国，实现中华民族的伟大复兴，即中国梦。那么我们如何实现中国梦呢？这节课让我们一起来学习《共圆中国梦》。

设计意图：温故知新，直接导入新课引导学生思考问题，激发学生学习兴趣，引入课题。

（二）新课学习

环节一：展示学习目标

课件展示预习提纲，引导学生了解本节课学习的目的。

设计意图：课件展示预习提纲，引导学生了解本节课学习的目的。

环节二：预习导学

课件展示预习提纲，引导学生预习教材并思考问题。

1. 如何实现中国梦？（重点）

2. 中国自信、民族自信的根本所在（原因）？

3. 为什么只有奋斗才能实现梦想？

4. 自信中国人的具体表现是什么？

5. 怎样做自信的中国人？（难点）

设计意图：预习提纲旨在帮助学生有目的地预习教材，思考问题，为接下来的学习打下基础。通过问题的引导，学生可以初步了解本课的主要内容和重点难点，为课堂讨论和深入学习做好准备。

环节三：合作探究

（1）"圆梦大舞台"

① 探究活动一：看图片，说辉煌，思考交流——实现中国梦的历史机遇，为什么中国梦一定能实现？

（学生回答问题，教师点拨归纳。）

师：现在，我们比历史上任何时期都更接近中华民族伟大复兴的目标，比历史上任何时期都更有信心、更有能力实现这个目标。

设计意图：通过图片展示中国近几十年来取得的成就，让学生切身感受祖国的发展变化，使学生对实现中国梦充满信心和期待，为下一知识点如何实现中国梦做好铺垫。

② 探究活动二：观视频《中国梦》，谈做法。

如何实现中国梦？

a. 坚持党的领导。贯彻新发展理念、统筹五位一体建设、协调推进"四个全面"。

b. 必须走中国道路。中国道路就是中国特色社会主义道路。中国特色社会主义道路立足中国的独特国情，凝结着中国共产党领导人民长期探索的智慧和心血，是中华民族伟大复兴的正确道路。

c. 必须弘扬中国精神。以爱国主义为核心的民族精神和以改革创新为核心的时代精神。

d. 必须凝聚中国力量。中国力量就是全国各族人民大团结的力量。

设计意图：通过视频内容，更直观更形象地将知识点与历史画面结合起来，有利于学生将知识点理解更透彻。

环节四：交流展示

拓展：为实现中国梦，我们青少年能做些什么？

①树立远大志向，将个人前途与祖国命运紧密联系起来。

②努力学习科学文化知识，掌握报效祖国的本领。

③亲近社会，服务社会，积极参加社会实践活动。

④学习和热爱中华优秀传统文化，传承中华传统美德。

⑤树立全球观念，培养平等、开放、包容的世界眼光等。

设计意图： 通过学生交流，认识到实现中国梦与我们青少年有关，青少年也有责任为实现中国梦作贡献，从而拓展思维，提升总结及归纳问题的能力。

环节五：**释疑提升，自信的中国人**

探究活动：观视频、析材料，回答问题（小组讨论）

观看中央电视台纪录片《自信的中国》：

（1）中国自信、民族自信的根本所在是什么？

①开辟了中国特色社会主义道路；②形成了中国特色社会主义理论体系；③确立了中国特色社会主义制度；④发展了中国特色社会主义文化。

（2）自信中国人的表现是什么？

①对国家有认同；②对文化有底气；③对发展有信心。

（3）视频的内容能给我们什么启示？

学生回答问题，教师点拨归纳：要做一个自信的中国人。

（4）如何做自信的中国人？

① 自信不是妄自尊大，也不是故步自封，我们需要培育理性平和、不卑不亢、开放包容的心态。

② 既是梦想家又是实干家，既要胸怀理想又要求真务实，既要满怀激情又要锲而不舍。

③ 不忘初心，继续前进，就要坚定中国特色社会主义道路自信、理论自信、制度自信、文化自信。

设计意图： 通过视频材料创设情境，感受到中国人身上的自信，明确知识点。培养合作探究解决问题的能力。

环节六：**课堂小结**

师：这堂课的内容，我们学习得很顺利。你有什么收获呢？

学生归纳总结本节课的收获。教师在学生归纳基础上，呈现本节课的知识结构图，明确本堂课重点、难点。

设计意图： 由学生自己归纳总结，锻炼学生的概括能力、思维能力、语言表达能力；PPT出示知识总结脉络图，将知识点升华。

环节七：达标检测

1.选择题

（1）学校举办"共筑中国梦，争做自信中国人"的网络留言活动。下列选项中适合作为精选留言的有（　　　）

①热爱祖国，承担责任　　　　②继承传统，排斥外来

③开放包容，理性平和　　　　④满怀激情，唯我独尊

A.①②　　　　B.①③　　　　C.②④　　　　D.③④

（2）实现中华民族伟大复兴的中国梦，必须（　　　）

①坚持党的领导　　　　②走中国道路

③弘扬中国精神　　　　④凝聚中国力量

A.①②③　　　　B.②③④　　　　C.①③④　　　　D.①②③④

（3）一个自信的中国人，能够坚守中华文化立场，传承中华文化基因，这说明自信的中国人（　　　）

A.对国家有认同　　　　　　B.对发展有信心

C.对梦想有追求　　　　　　D.对文化有底气

（4）2021年5月31日，习近平总书记在主持中共中央政治局集体学习时指出，我国日益走进世界舞台中央，有能力也有责任在全球事务中发挥更大的作用，同各国一道为解决全人类问题作出更大贡献。这份自信的根本在于（　　　）

①开辟了中国特色社会主义道路

②形成了中国特色社会主义理论体系

③确立了中国特色社会主义制度

④发展了中国特色社会主义文化

A.①③④　　　　B.②③　　　　C.①④　　　　D.①②③④

（5）党的第十九届五中全会审议通过了《中共中央关于制定国民经济和社会发展第十四个五年规划和二〇三五年远景目标的建议》。要实现该目标，我们应该（　　　）

①走中国道路，弘扬中国精神，凝聚中国力量

② 以改革创新为中心，坚持党的基本路线不动摇

③ 坚持创新、协调、绿色、开放、共享的新发展理念

④ 贯彻"五位一体"总体布局、"四个全面"战略布局

A．②③④　　　B．①②③　　　C．①②④　　　D．①③④

2. 阅读材料，回答问题

2021年7月1日，庆祝中国共产党成立100周年大会在北京天安门广场隆重举行。中共中央总书记、国家主席、中央军委主席习近平发表重要讲话。

中国共产党立志于中华民族千秋伟业，百年恰是风华正茂！回首过去，展望未来，有中国共产党的坚强领导，有全国各族人民的紧密团结，全面建成社会主义现代化强国的目标一定能够实现，中华民族伟大复兴的中国梦一定能够实现！

（1）请你从"国家"的角度，为实现中华民族伟大复兴的中国梦建言献策。

① 必须坚持中国共产党的领导，统筹推进经济建设、政治建设、文化建设、社会建设、生态文明建设"五位一体"总体布局，协调推进全面建设社会主义现代化国家、全面深化改革、全面依法治国、全面从严治党"四个全面"战略布局，贯彻创新、协调、绿色、开放、共享的新发展理念。

② 实现中国梦必须走中国道路。中国道路就是中国特色社会主义道路。中国特色社会主义道路立足中国国情，凝结着中国共产党领导人民长期探索的智慧和心血，是中华民族复兴的正确道路。

③ 实现中国梦必须弘扬中国精神。中国精神就是以爱国主义为核心的民族精神和以改革创新为核心的时代精神。

④ 实现中国梦必须凝聚中国力量。中国力量就是全国各族人民大团结的力量。

（2）实现中国梦还需要每一个中国人"撸起袖子加油干"，请你结合右图，为此撰写两条宣传标语。

标语①：自信你我他，同铸中国梦（众志同心，托起中国梦）

标语②：拥抱中国梦，实现中华民族伟大复兴

设计意图：围绕如何实现中国梦？中国自信和民族自信的原因；自信中国人的表现；如何做自信的中国人。等重点、难点内容了解学生本节课的学习效果。

（本课设计者：阳山县韩愈中学 刘素琼）

物理学科教学案例：《热机与社会发展》教学设计

【课标要求】

1. 了解热机的工作原理。知道内能的利用在人类社会发展史中的重要意义。

2. 了解热机的工作原理包括通过实验认识内能可以转化成机械能，了解热机的构造，热机的四个冲程以及能量的转化。

3. 知道内能的利用对社会发展所起的作用和对环境的影响，了解热机的效率及提高热机效率的途径。

【教材分析】

本节课介绍热机的共同特点，汽油机的构造和工作原理，热机效率，热机与环境，热机发展简介。在人类工业化发展的进程中，热机曾经起过而且还在起着非常重要的作用。让学生了解热机的工作原理和作用，树立效率和环保意识，对于提高学生的科学素养，进行STS教育〔科学（Science）、技术（Technology）、社会教育（Society Education）〕，是非常有必要的。

【学生分析】

1. 学生的兴趣：初中的学生具有好奇、好动的心理特点。教学中要以学生兴趣为主，通过小实验引起学生学习物理的兴趣，同时充分发挥演示实验与学生实验的作用，调动学生学习的积极性和主动性。

2. 学生的知识基础：学生刚刚学习了能量的知识，初步了解能量之间的转化，基本上能理解化学能转化为内能，最后内能转化为机械能的知识。

3. 学生的认识特点：一方面，学生生活经验中已经对能量有些感性认识；另一方面，他们对能量之间的转化和转移都有一定的兴趣。

【教学目标】

1. 物理观念

（1）热机的概念：利用内能做功的机器。热机工作过程中的能量转化过程以及四个冲程。

（2）热机的效率：热机用来做有用功的能量与燃料完全燃烧放出来的能量之比。

2. 科学思维

运用类比法，分类法，归纳法获取热机的知识。

3. 科学探究

通过探究实验，观察能量的转化，从而了解热机的四个冲程。

4. 科学态度与责任

（1）通过分析热机给人类带来的进步，认识科技是第一生产力，促使自己更加努力学习。

（2）通过热机效率的学习，养成节约能源、保护环境的意识。

【教学重点与难点】

热机的共同特点，汽油机的构造、工作原理和过程，热机效率，热机与环境保护都是本节课的重难点内容。

【教学策略】

本节课的引入部分，以实验引起学生兴趣，思考热机的相关知识，让学生通过阅读、比较、交流，并运用类比法，分类法，归纳法等方式进行学习，让学生感受科技发展对社会产生的重要推动作用，提高学生的兴趣，让学生关注生活、关注社会发展。

【教学用具】

多媒体、课件、视频、铁架台、酒精灯、试管、胶塞、水。

【教学流程】

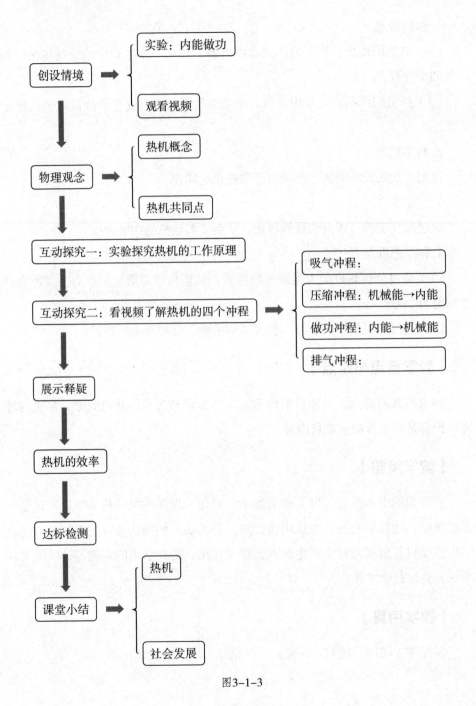

图3-1-3

【教学过程】

表3-1-4

教学环节和教学内容	教师活动	学生活动	设计意图
创设情境	播放视频	观察、讨论看到的视频	提出问题，引发思考，激发学生的学习兴趣
建立物理观念	让学生总结观察到的现象，完成导学案	认真观察，互相合作，完成任务	培养学生科学思维，建立物理观念——热机的概念
互动探究一：实验探究热机的工作原理	指导学生完成实验	按要求完成分组实验，记录实验数据、总结实验规律	锻炼学生科学探究能力；培养学生用物理模型解决实际问题，培养学生的综合素养。
互动探究二：看视频了解热机的四个冲程	播放视频燃料 化学能 空气 内能 机械 动能 汽油机	认真观看视频，总结规律，学习四个冲程	培养学生科学思维以及互动合作探究的能力
展示释疑	引导学生完成练习。	完成基础题 展示释疑 汽油机的工作循环（基础题） 1.进气门___，排气门___。活塞由上端___运动，组成的燃料混合物从进气门吸入气缸。此过程中，曲轴转动半圈。 关闭 汽油和空气 向下 打开 向上 吸气冲程	锻炼学生的合作能力以及培养科学态度

63

教学环节和教学内容	教师活动	学生活动	设计意图
热机的效率	引导学生明白汽油机的使用效率不高，如何提高效率是我们目前迫切要解决的问题	思考问题：热机与社会发展 热机的效率 燃料很难全部燃烧燃料的化学能不能全部释放 机械热传递消耗的一部分能量 做有用功所消耗的能量 克服机械传递摩擦消耗的一部分能量 废气排出带走的部分能量	引发思考，培养学生科学态度与价值观
达标检测	巩固基础	完成基础题 达标检测 （提升题） 1.汽油机工作的四个冲程中，只有做功冲程燃气对外做功，其他三个冲程都是辅助冲程，要靠安装在曲轴上的飞轮的惯性来完成，必须靠外力来启动。	巩固基础知识。将物理知识融入生活当中

（本课设计者：阳山县韩愈中学　黄洁婷）

化学学科教学案例：《粗盐中难溶性杂质的去除》教学设计

【设计背景】

　　课程改革越来越强调评价的作用，评价要发展学生的核心素养，而化学学科的特点之一是以实验为基础，化学实验在发展学生的核心素养方面起着重要的作用，用实验教学是培养学生的实践创新能力、培养学生综合素质全面发展的重要教学形式。本文以《粗盐中难溶性杂质的去除》为例，用公司招聘这一生活中的情景引入并贯穿整堂课，学生通过自学、讨论、探究等形式，自主构建并完善有关难溶性杂质去除的知识结构模型，使学生最终能将所学知识应用于解决实际生活问题，从而顺利达成学科核心素养的渗透目标。

【教材分析】

《粗盐中难溶性杂质的去除》选自科粤版学生实验活动中的实验5，是一节实验操作课，目的在于培养学生的动手能力。这节课充分彰显了化学与实际生产生活的联系，注重运用所学知识解决实际问题。且在近五年的中考中，此实验每年必考，可见它在教材中所处的地位很重要。

【学情分析】

本节内容在溶解度、海水晒盐，结晶之后的学生活动实验，学生已经具备溶解、过滤、蒸发的理论知识。具备一定的探究能力以及小组合作能力。初中生对事物具有很强好奇心和探究欲、竞争意识强。那么如何整合知识，构建模型，培养思维，提升素养，创设情景，解决问题显得尤为重要。

【教学目标】

1. 知识与技能
（1）掌握称量、溶解、过滤、蒸发等实验操作技能。
（2）知道粗盐中难溶性杂质去除的步骤。
（3）能根据实验出现问题进行分析。

2. 过程与方法
通过小组的实验探究，培养学生的合作能力和实验操作能力。

3. 情感态度价值观
（1）培养严谨的科学态度。
（2）培养学生的合作精神以及提高学生学习化学的兴趣。

【教学重点与难点】

1. 重点
（1）称量、溶解、过滤、蒸发等实验操作技能。

（2）操作中的注意事项。

2. 难点

对实验操作过程中出现问题的分析。

【实验准备】

（分6组）

粗盐、托盘天平、砝码、称量纸、漏斗、药匙、小烧杯、大烧杯、玻璃棒、滤纸若干、带铁圈铁架台、蒸发皿、酒精灯、火柴、10mL量筒、胶头滴管、蒸馏水。

【教学过程】

（一）创设情境

导入：同学们，我受叽里咕噜制盐有限公司老板的委托来招聘制盐团队，公司录用的标准是进行一次"粗盐中难溶性杂质的去除"的小组竞技比赛，公司将把应聘的成员分为6个小组，由技术员对每个小组的操作规范性进行考核并打分，胜出的小组将会被聘用。

设计意图：在学生学习到后期已经进入一个瓶颈期，实验课有什么新鲜的上法呢？为了重新燃起学生对学习化学的热情，笔者把现实的招聘情景搬进课堂。公司招聘，大家要进行实验操作，以实验操作规范性来决定是否被聘用。创设这个情景贯穿整节课，情景导入不只是一个点缀，而是本节课一个新颖的设计。笔者将实验课这样设计既给人耳目一新，同时又激发了学生的探究欲。

（二）分组实验：核心教学环节

环节一：自主学习

教（过渡）：比赛前，大家有3分钟的准备时间，由我们技术员根据我们公司的"员工安全手册"对你们进行指导。学习时解决两个问题，粗盐提纯的一般流程是什么？产率怎么计算？

学生活动：每个竞赛小组的同学都站起来听技术员讲解培训学习。

设计意图：这一个环节是学生回顾知识的过程，这样设计不是单纯的让学生翻书回忆所学知识，而是由技术员（成绩略好的学生）进行指导学习，以生教生，在学习的过程中要求学生提炼出粗盐提出的一般过程。构建出化学中难溶性杂质去除的一般思路的模型，同时培养了学生核心素养中的"证据论证和模型认知"。

环节二：实操竞技

师：培训阶段已经结束，将会进入实操竞技阶段，时间为20分钟，已经给大家准备好3克粗盐。请竞聘小组分工合作，其中一位成员填写实验报告单，其他协助实验操作，技术员将对你们的操作规范性，是否计算出产率作出评分。

学生活动：学生分组实验，技术员根据评分表打分。

设计意图：在实验过程中，教师要允许学生出错，这样可以让学生在错误中总结经验，加深印象。在实验探究过程，教师要放手让学生操作。这样不仅培养了学生自主探究的能力，自主解决问题的能力，极大地满足了学生动手设计、操作实验的需求，同时还对他们的终身学习的能力得到很好的发展。学生在实验过程中，有"技术员"在一边监督，让课堂有序。这时把评价的权利发放给学生，在课堂中的"技术员"，既是监督者又是评价者，在课堂中起着非常重要的作用。

环节三：颁发聘书，总结升华

师：我们招聘已经结束，恭喜你们第6小组。

我们公司的招聘已经结束了，但是从得分表来看竞技过程中，我们操作过程中还是存在不少问题的，那么出现这些问题会导致哪些后果呢？

（1）量取液体操作不够规范，

（2）过滤时液体洒出，

（3）滤纸没有紧贴漏斗，

（4）玻璃棒没有靠在三层滤纸处，

（5）蒸发固体飞溅，

（6）固体没干燥。

学生活动：技术员汇报各组得分，得出被聘用的小组。组内同学问题分析，讨论解决问题。

设计意图：让"技术员"汇报扣分情况，实际上就是对实验操作规范性的再一次重现，这既培养了学生的语言表达能力，又完成了本节课的目标。教师倾听同学们的反馈，留给学生足够多的机会、学习的空间和评价的权利，同时对于新生成的问题及时解决，进一步发展学生的核心素养。

（三）学以致用

教师活动：学以致用

查阅资料：了解废旧干电池的成分，选择合适的分离混合物的方法，从废旧的干电池中获取MnO_2。

学生活动：思考、以实验报告形式完成作业。

设计意图：让在学生课堂中构建的难溶性杂质去除的解题思路模型，利用这个模型解决生活中的问题，让学生再一次体会学习化学的价值，关注生活中的化学，丰富完善认识，同时让学生的"科学精神与社会责任"得到发展。

【教学反思】

整个教学设计是以公司招聘，展开实验竞技贯穿整节课，明线、暗线相辅相成，清晰明了。教师提出问题，学生评价学生，小组实验的方式激发创新的能力，在发现问题和解决问题过程中完成对知识的学习，调动学生的积极性同时提高学生探究能力，用所学知识解决生活问题，使学生在探究性的教学过程中不断形成化学学科核心素养。

新颖之处是课前对几位学生进行培训，让他们做公司招聘的"技术员"，"技术员"行使他们的权利，很好地体现了"以生教生"的教学理念。同时这是一个新型的自主探究课堂，为学生的独立思考开辟了一个广阔的空间。

诚然，化学学科核心素养的发展不是一蹴而就的，而是一个长久坚持的对学生的一种深远影响，在以后的教学中也要注重加强研究，使全体学生都具备过硬的核心素养，并终身受益。

附：《粗盐中难溶性杂质的去除》导学案

【学习目标】

1. 溶解、过滤和蒸发的基本操作。

2. 混合物分离的方法。

【预习导学】

看实验手册实验八，找出需要用到的实验用品：

铁架台（带铁圈）、漏斗、量筒（10毫升）、药匙、烧杯、玻璃棒、酒精灯、火柴、蒸发皿、坩埚钳、滤纸、托盘天平、蒸馏水、粗盐

【合作探究】

实验过程，现象，结论：

步骤及实验操作过程		实验现象	结论和解释
溶解	1.用量筒量取10mL水，加入已经称好的3g粗盐中。 2.边加水边用玻璃棒搅拌，直至粗盐充分溶解	实验现象：粗盐水呈	溶解的粗盐质量=_____
过滤	过滤食盐水。观察滤纸上的剩余物和滤液的颜色	实验现象：滤纸上剩余物呈色滤液呈色	
蒸发	1.将所得澄清液倒入蒸发皿。用酒精灯加热 2.加热过程中用玻璃棒不断搅拌。当蒸发皿中出现较多固体时，停止加热。 3.利用余热使滤液蒸干，观察蒸发皿中食盐外观	实验现象：食盐呈色	
计算产率	1.用玻璃棒把固体转移到纸上，称量后，计算产率，回收到指定容器中。 2.将提纯后的食盐与粗盐做比较，并计算精盐产率		纯盐质量=_____ 精盐产率=_____

【展示释疑】

操作过程中，有哪些注意事项？操作不规范会导致哪些后果？

【回顾小结】

本节课你有什么收获？

【达标检测】

1. 有关"粗盐中难溶性杂质的去除"实验中说法不正确的是（　　　）

A. 多加水，让粗盐加速溶解

B. 玻璃棒用了4次，但作用各不相同

C. 粗盐经过溶解、过滤、蒸发、结晶可以得到初步提纯

D. 当蒸发皿中出现较多量固体时，停止加热，利用余热使滤液蒸干

2. 下图是某实验小组做粗盐提纯实验的部分操作示意图。有关实验叙述错误的是（　　　）

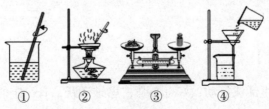

① ② ③ ④

A. ④中缺少玻璃棒引流溶液

B. ①中玻璃棒的作用是搅拌，加速粗盐溶解

C. 上述操作顺序为③①②④

D. 当②蒸发皿中出现较多固体时，停止加热

【作业布置】

查阅资料：了解废旧干电池的成分，选择合适的分离混合物的方法，从废旧的干电池中获取MnO_2。

（本课设计者：阳山县韩愈中学　黄晓洁）

历史学科教学案例：《敌后战场的抗战》教学设计

【设计背景】

随着素质教育的不断推进，课程改革日见成效，要求教师在传授知识的同时，也要注意对学生进行思想道德教育和能力培养。本课我主要利用图片、材料、影像以及相关史料培养学生的唯物史观，让学生深层次理解历史，感受历史。通过小组讨论让学生了解抗战精神，弘扬抗战精神，让学生更深层次的体会家国情怀。

【教材分析】

本节课是人教版八年级上册（2017部编版）第六单元21课的内容。第八单元主要是讲抗日战争，而抗日战争是近代中国人民反抗外来侵略战争的第一次完全胜利，本节课在本单元起了至关重要的作用。联系上节课正面战场的战役，就更能理解敌后战场的重要，理解全民族抗战。认识到全民族抗战是抗战胜利的最重要原因。

【学情分析】

八年级的学生活泼好动，好奇心强，思维活跃，有一定的合作探究能力和

识图能力，不过评价历史，材料分析能力欠缺。教师要在充分了解学生的情况下，既要帮助学生掌握基本的学习技能，也要使课堂具有趣味性，以提高学生的学习积极性。

【教学目标】

1. 记住平型关大捷、百团大战的相关史实；了解敌后抗日根据地的形成过程与作用。

2. 通过学习敌后抗日根据地的形成过程与作用，理解敌后战场在抗日战争期间与正面战场相互配合，发挥了重要的作用。

3. 通过学习抗日战争时期共产党的抗日事迹，体会中国人民不畏强敌、勇于反抗的爱国精神。

【教学重点与难点】

1. 重点：平型关大捷、抗日根据地建设、百团大战。

2. 难点：抗日根据地的巩固和发展。

【教学方法】

根据"自主合作探究"理念，结合学生的特点和韩愈中学提倡的"二五一"思行课堂模式，采用多媒体辅助教学法、情境教学法、看图说史、自主探究、小组讨论等方法，充分发挥学生在学习中的主体地位，让学生由"学会"向"会学"转变，成为学习的主人。

【教学过程】

（一）创设情境

播放歌曲《到敌人后方去》，导入新课。

设计意图： 通过歌曲的方式导入，既让学生了解当时文艺创作是结合当时的时代背景，同时活跃了气氛，提高学生的学习兴趣。

（二）展示学习目标

（1）了解抗日战争时期的第一次胜利——平型关大捷，主动出击日军的最大规模战役——百团大战，及抗日根据地的建设。

（2）了解抗日战争时期共产党领导的敌后战场的抗战情况。

（3）通过学习本课，对学生进行爱国主义教育。在中国共产党的领导下，根据地不断发展壮大，抗击日本侵略者，显示了中华民族反侵略、反压迫的巨大力量。

学生活动：阅读学习目标，明确本课学习任务。

设计意图：明确本节课的学习任务，让学生带着任务开展下面环节。

（三）合作探究

1. 第一篇章：据险伏击破神话——平型关大捷

教师活动：给出平型关地形图，让学生通过地形图分析平型关的地理位置，并且利用课本知识找出平型关战役时间、地点、人物、部队名称。

学生活动：识读地图回答问题，理解据险伏击破神话这句话，并且自主学习，阅读课本，独立完成问题，并初步记忆。

设计意图：这一环节主要培养学生识读地图能力，从地形图中看出地势的险要，让学生明白为什么选在平型关阻击敌人，同时培养学生的自主学习能力。

学生活动：学生分成小组，讨论分析平型关大捷的意义。

教师活动：教师穿梭于各小组之间，认真倾听学生的讨论，并适时给予指导。在讨论结束后，邀请几位学生代表上台分享他们的观点。

设计意图：学生们通过小组讨论的形式，能更深入地理解和探讨平型关大捷的历史意义。在交流中，学生能够碰撞出思维的火花，拓展对历史的认识，同时也锻炼了他们的合作能力和表达能力。

2. 第二篇章：抗日战场敌后建——抗日根据地的建立与发展

教师活动：给出中国共产党洛川会议《关于目前形势与党的任务决定》材料，让学生阅读材料指出中国共产党对当时的抗战认识以及抗战关键和采取措施。

学生活动：学生回答抗战具有极大的危险性，争取抗战的胜利需要发动全民族的抗战，对此共产党采取的措施是在全民族抗战爆发后，八路军、新四军深入敌后，建立抗日根据地，将敌人的后方变成抗日的前线。

设计意图：通过解读材料，让学生能自主从材料中找出答案，以培养学生阅读和提取历史信息的能力。

教师活动：学生自主阅读课本回答敌后战场是如何建立和发展的呢？

学生活动：学生自主阅读课本回答。

（1）陕甘宁边区首府、中共中央所在延安成为敌后战场的战略总后方和指挥中枢。根据地军民展开群众性的人民游击战争，根据各地不同地形特点，采取地道战、地雷战、夜袭战、"麻雀战"等战法打击日军，使日军攻防无措，疲于奔命，不得安宁。根据地还建立抗日民主政权，实行"减租减息"的土地政策，发展生产，使根据地成为敌后游击战得以长期坚持并取得最后胜利的基地。

（2）敌后战场与正面战场相互配合，构成了中国抗日战争的整体。

设计意图：通过阅读课本，让学生从课本中找出答案，不仅培养了学生自主学习的能力，也提升学生的阅读能力和识记能力，让学生明白"万变不离其宗"——不可忽略最基础的知识。

3.第三篇章：主动出击碎"囚笼"——百团大战

教师活动：引导学生通过学习课本知道百团大战的原因，再通过播放百团大战的视频，让学生得出百团大战的时间、地点、指挥、主要目标、战果及意义。

学生活动：学生通过阅读课本及观看视频回答问题，知道百团大战有力打击了日军的侵略气焰，提高了中国共产党和八路军的威望，振奋了全国军民争取抗战胜利的信心。

设计意图：通过影像资料使学生直面历史，感受历史，在培养学生提取历史资料的能力以外更要让学生具有爱国意识，体会家国情怀。

教师活动：学习历史要以史为鉴，史为今用，那么学生学了本课后会有什么启示呢？请各小组进行合作探究，各抒己见。

学生活动：各小组讨论回答。

设计意图：培养学生合作学习、分享智慧的能力。宣扬抗战精神，培养学生爱国情怀，同时使学生可以以史为鉴，史为今用。

【教学反思】

本课讲述中国共产党领导的敌后战场的抗战。在本课的教育教学中，围绕中国共产党在抗战中的作用进行讲述，通过多种图片资料，以及视频影像让学生直观的感受平型关大捷、百团大战的重要影响。通过启发式教学、小组探究性学习等多种教育教学的方法，让学生积极参与，培养学生的发散性思维；同时注重对学生的引导和鼓励，增强学生学习的自信心。对历史史料的解读和运用、知识点之间的灵活过渡等方面，希望在以后的教育教学中进行改进。

附：《敌后战场的抗战》导学案

【学习目标】

1. 记住平型关大捷、百团大战的相关史实；了解敌后抗日根据地的形成过程与作用。

2. 通过学习敌后抗日根据地的形成过程与作用，理解敌后战场在抗日战争期间与正面战场相互配合，发挥了重要的作用。

3. 通过学习抗日战争时期共产党的抗日事迹，体会中国人民不畏强敌、勇于反抗的爱国精神。

【重点与难点】

教学重点：平型关大捷、抗日根据地建设、百团大战。

教学难点：抗日根据地的巩固和发展。

【预习导学】

1. 淞沪会战期间，日军侵入山西，企图占领_____。1937年9月，日军板垣师团一部向平型关开进。八路军第一一五师在师长_____率领下，在_____一带隐蔽设伏，经过近一天的激战，将日军全部歼灭。

2. 平型关大捷是全国抗战以来中国军队取得的胜利，粉碎了日军"不可战胜"的神话。

3. 全面抗战爆发后，八路军、新四军挺进敌后，建立_____，将敌人的后方变成_____。_____、晋绥、晋冀豫、山东、苏南等抗日根据地先后建立起来。_____边区首府、中共中央所在地成为敌后战场的战略总后方和指挥中枢。

4. 根据地军民展开群众性的，根据各地不同地形特点，采取_____、_____、夜袭战、"麻雀战"等战法打击日军，使日军攻防无措，疲于奔命，不得安宁。

5. 为_____，争取_____，中国共产党制定了各项政策和措施。根据地建立_____，实行_____，发展生产，使根据地成为敌后游击战得以长期坚持并取得最后胜利的基地。

6. _____与_____相互配合，构成了中国抗日战争的整体。

7. 为了_____，日军实行"囚笼政策"，依托公路、铁路，对抗日根据地进行封锁与蚕食。

8. 1940年下半年，为了粉碎日军对_____的"扫荡"和封锁，振奋抗战军民的士气，八路军总部在＿＿＿＿＿＿＿指挥下，组织100多个团，对日军发动了一场大规模进攻，史称"＿＿＿＿＿＿＿＿"。

9. 百团大战战果辉煌，有力打击了日军的＿＿＿＿＿＿＿，提高了＿＿＿＿＿＿＿，振奋了全国军民＿＿＿＿＿＿＿的信心。

10. 日军遭受打击后，立即组织重兵对＿＿＿＿＿＿＿实施报复性"扫荡"，八路军随即转入反"扫荡"作战。

【探究讨论】

探究活动一：通过材料分析抗日战争时期共产党领导的敌后战场的抗战情况。

探究活动二：看视频了解"百团大战"情况，回答"百团大战"的意义。

【展示释疑】

探究活动三：学习本课，从中可以得出什么启示？（小组讨论）

【回顾小结】

本节课你有什么收获？

【达标检测】

单项选择题

1. 中国全民族抗战以来的第一次大捷是（　　　　）

A. 平型关大捷　　　B. 台儿庄战役　　　C. 徐州会战　　　D. 百团大战

2. 抗日战争时期，成为敌后战场的战略总后方和指挥中枢的重要城市是（　　　　）

A. 太原　　　　　B. 延安　　　　　C. 长沙　　　　　D. 台儿庄

3. 为巩固根据地，争取抗战胜利，中国共产党制定的土地政策是（　　　　）

A. 实行减租减息　　　B. 开展大生产运动

C. 采取地雷战、地道战　　D. 发动农民起义

4. 百团大战的主要作战目标（　　　　）

A. 显示中国人民强大的武装力量

B. 阻止日军对正面战场的进攻

C. 坚定全国人民坚持抗战的决心

D. 破坏敌人的交通线，摧毁日伪军的据点

5. 下列有关百团大战的说法中不正确的是（　　　　）

A. 目的是粉碎日军对敌后抗日根据地的封锁

B. 发动的时间是1940年下半年

C. 是抗战以来中国正面战场取得的最大的胜利

D. 有力打击了日军的侵略气焰，提高了共产党的威望

【作业布置】

完成配套练习相应习题。

（本课设计者：阳山县韩愈中学　邓春蕾）

地理学科教学案例：《工业区位因素》教学设计

【设计理念】

在地理学科的教学中，我们始终坚持以学生为中心的设计理念，注重培养学生的地理素养和综合能力。本节课是奥教奥人版高中地理必修第二册《工业区位因素》的教学，我们力求通过生动有趣的教学方式，让学生在轻松愉快的氛围中掌握工业区位条件的相关知识。培养学生的观察、分析和解决问题的能力。

【教材分析】

《工业区位因素》是地理学科中非常重要的一个内容，它涉及地理学中区位理论、产业布局、经济发展等多个方面。通过学习《工业区位因素》，学生可以了解不同工业部门在选择区位时考虑的因素，以及这些因素如何影响工业的布局和发展。同时，本节课也是培养学生地理思维能力和实际应用能力的重要途径。

【学情分析】

学生在此之前已经学习了地理学科的基础知识，包括地球与地图、自然地理、人文地理等方面的内容。对于《工业区位因素》，学生可能已经有了一定的了解和认识，但缺乏深入系统的学习和理解。因此，本节课需要通过生动有趣的案例和实践活动，引导学生深入理解工业区位条件的相关知识和应用。

【教学目标】

1. 理解"工业区位条件"的概念及其影响因素。

2. 掌握分析"工业区位条件"的基本方法。

3. 了解不同类型工业企业的区位选择及其原因。

4. 培养学生的空间思维能力，能够将所学知识应用于实际问题的分析。

【重点与难点】

1. 重点："工业区位条件"的影响因素及其分析方法。

2. 难点：如何根据"工业区位条件"的变化，合理预测工业企业的区位选择。

【教学过程】

（一）导入新课

知识回顾，工业的概念和工业的分类。

（二）小组合作

通过合作探究 "根据情境材料，找出影响工业发展的区位条件"，分小组合作完成，最后派代表展示答案。

班加罗尔是印度南部的经济、文化中心之一。班加罗尔以计算机软件闻名遐迩，产品远销科技发达的美国、日本以及欧盟国家，号称"亚洲硅谷"。

为扶持电子、计算机软件等高新技术产业的发展，印度政府除了制定税收、货款、投资等方面的鼓励政策外，还在行政服务、外交政策和进出口等方面对入驻软件技术园区的企业实行优惠待遇，使入园公司放心投资、安心经营。

这里的技术力量雄厚，拥有班加罗尔大学以及国家科学研究所、拉曼研究所、国家宇航研究实验室、国有动力研究所等，每年输出上万名软件人才。通过先进便捷的地面交通、卫星站可随时与世界各地交流信息。此外。这里气候宜人，环境优美，当地政府法规严明，社会治安和劳资关系良好，居民热情好客，一流信息技术云集，研究氛围宽松等。这些都成为班加罗尔软件业吸引资金、技术和人才的优势。

设计意图：通过这一合作探究活动，让学生结合具体的情境材料，深入理解影响工业发展的区位条件。通过分小组合作，培养学生的团队协作能力和分析问题的能力。最后通过代表展示答案，让学生之间互相交流、学习，加深对知识点的理解。

（三）学法指导，工业分布图的判读

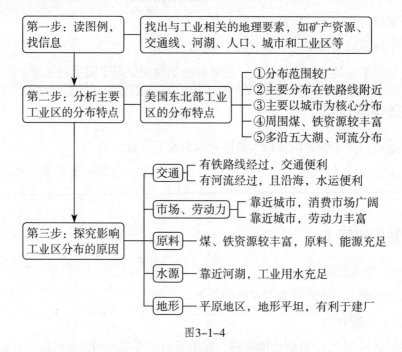

图3-1-4

设计意图： 通过对学生进行工业分布图的判读学法指导，帮助学生掌握判读工业分布图的基本方法和技巧，培养学生从地图中获取、整理和分析地理信息的能力。同时，通过具体的工业分布图案例，让学生将所学的工业区位条件知识与实际应用相结合，加深对知识点的理解和记忆。

（四）展示释疑

上海宝山、美国芝加哥同为世界著名的钢铁中心。从20世纪80年代开始，芝加哥逐步放弃钢铁等重工业，加快发展食品加工等传统工业，重点发展金融等行业。

（1）宝山、芝加哥两地发展钢铁工业相同的优势是（　　　）

A. 煤、铁资源丰富　　　　B. 光照充足　　　C. 水能丰富　　　D. 交通便利

（2）20世纪末，芝加哥钢铁产量明显减少，工业地位显著下降，其原因可能有（　　　）

①矿产资源供应衰减　　②设备老化　　　③环境污染严重　　　④水源枯竭

A. ①②③　　　　　　B. ②③④　　　　　　C. ①③④　　　　　D. ①②④

（3）芝加哥发展食品加工业的条件有（　　　　）

①靠近乳畜带和玉米带，原材料丰富

②人口、城市多，市场需求大

③全年高温多雨，降水季节分配均匀

④河湖无结冰期，灌溉水源充足

A.①② 　　　　 B.②③ 　　　　 C.①③ 　　　　 D.②④

（五）阅读材料，完成下列要求

材料：目前市面上销售的新能源汽车主要是指纯电动和插电式混合动力汽车。电动汽车具有发展历史短、生产成本较高、电池续航时间短、充电桩等配套设施有待完善等特点。

（1）分析B公司总部设在深圳的有利条件。

（2）B公司整车和电池制造基地主要分布在中西部省会城市，分析其有利条件。

设计意图：通过这一合作探究活动，我们旨在让学生结合新能源汽车产业的实际案例，深入理解和分析影响企业总部和生产基地选址的区位条件。通过具体的材料分析，学生将能够掌握分析工业区位条件的基本方法，并理解不同类型工业企业的区位选择及其原因。

（六）课堂小结

1.影响工业发展的区位条件

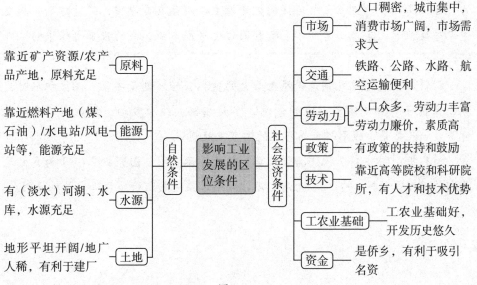

图3-1-5

口诀：水土原动力，劳政交市科（老郑教四科）

设计意图：通过口诀，帮助学生快速记忆和理解影响工业发展的主要区位条件，即水源、土地、原料、动力、劳动力、政策、交通、市场和技术。这种简洁明了的方式有助于学生形成系统的知识体系，并在实际应用中快速调用相关知识。

（七）达标检测

1. 下图是某城市的布局状况，该城市要新建火力发电站、自来水厂、印染厂和服装厂各一个，请在图中AA，BA，CA，DA，EA五个地点选择，并说明理由。

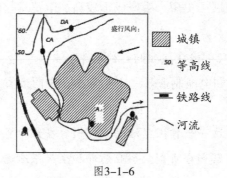

图3-1-6

2. 阅读图文材料，完成下列要求。【认识世界区域+资源开发主题】

材料一：锂作为电动汽车里的电池生产的重要原料，地位愈加重要。南美洲的智利、玻利维亚、阿根廷三国的交界处是全球锂资源最丰富的地区，被誉为"锂三角"。"锂三角"地区的锂资源主要蕴藏在盐湖中，通过晾晒、蒸发等工序提纯锂，生产工艺简单。智利因锂生产成本低，成为投资者眼中的"香饽饽"。

材料二：乌尤尼盐湖是世界上最大的盐湖，锂矿储量丰富。湖区积水时，湖面像镜子一样倒映着天空的景色，水天相接，纯净梦幻，被称为"天空之境"。如此美景，吸引了世界各地的游客来此观光。

材料三：图3-1-7（a）为锂三角周边地区示意图，图3-1-7（b）为乌尤尼盐湖景观图，图3-1-7（c）为乌尤尼盐湖附近某地气温曲线和降水量柱状图。

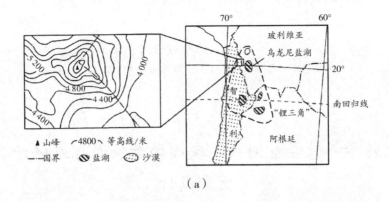

（a）

（b）

气温/℃　降水量/毫米

（c）

图3-1-7

（1）分析乌尤尼盐湖生产锂的有利条件。（至少答三点）

设计意图：通过达标检测，我们希望学生能够理解盐湖生产锂的自然条件优势，并能够从材料中提炼出相关信息，如盐湖面积大、锂矿资源丰富、生产工艺简单等。同时，这一题目也旨在培养学生的综合分析能力和地理知识的应用能力。

【课后作业】

1.完成课后习题，巩固所学知识。

2.收集相关资料，分析一个你感兴趣的工业企业的区位，说明原因，并撰写一篇分析报告。

设计意图：通过课后习题的完成，帮助学生巩固所学知识，加深对知识点的理解和记忆。同时，通过收集资料和撰写分析报告的方式，引导学生将所学知识应用于实际问题的分析，培养学生的自主学习能力和创新能力。

（本课设计者：阳山县韩愈中学　邹伟英）

生物学科教学案例：《我国的动物资源及保护》教学设计

【教材分析】

本节课是《生物学》（北师大版）八年级上册第17章《生物圈中的动物》中第2节的内容。学生在认识了动物在生物圈中的作用的基础上继续了解《我国动物资源及保护》。《义务教育生物学课程标准（2022年版）》明确了本节课的内容要求为：

概念2　生物可以分为不同的类群，保护生物的多样性具有重要意义。

2.4 我国拥有丰富的动植物资源，保护生物的多样性是每个人应有的责任。

2.4.1 我国拥有大熊猫、朱鹮、江豚、银杉、珙桐等珍稀动植物资源。

2.4.2 可通过就地保护、迁地保护等多种方式保护生物资源；有关野生动植物资源保护的法律法规是生物资源的基本遵循。

2.4.3 外来物种入侵会与本地的物种竞争空间、营养等资源，进而威胁生态安全。

【学情分析】

八年级学生已经有一定的自学能力和探究实践能力，让学生通过课前预习、课堂观看动物图片尝试对我国动物资源进行学习，通过探究活动，进行深入认识和学习。学生已有动物知识有一定局限性，本节课要帮助学生拓宽视野，通过活动，增进对我国动物资源的了解。

【教学目标】

1.简述保护生物多样性的重要意义。（科学思维）

82

2.描述我国的动物种类和珍稀动物。（科学思维、生命观念）

3.树立动物资源现状的忧患意识，关注我国特有的珍稀动物，加强建设生态文明建设，树立尊重自然、顺应自然、保护自然的理念。（生命观念）

【教学重点与难点】

1.重点：我国的珍稀动物；我国动物资源面临的威胁；动物多样性的含义及保护措施。

2.难点：我国的珍稀动物；动物的遗传多样性是物种多样性的基础。

【教学过程】

表3-1-5

教学过程	教师活动	学生活动	设计意图
引入新课	展示学习目标。引入本节课教学内容	齐读学习目标	明确学习目标
检查预习导学	要求学生自查、互查导学案中的预习导学部分完成情况。请一些同学回答	学生自查互查，回答	培养学生自学能力
探究讨论：我国丰富的动物资源	一、自学课文，讨论并完成下列问题。（课前完成） 1.列举我国特有的珍稀动物。 2.说出我国动物资源面临的威胁。 二、利用视频和我国几种典型的珍稀动物（图片出示）： 引入是什么原因造成它们数量越来越稀少呢？引入下一个话题	学生展示自己的预习成果。 同学简介大熊猫、牛角羚、褐马鸡、扬子鳄	建立教与学沟通、合作、互动的是师生关系，培养自主探究精神，对学生进行科学态度的养成教育
交流展示：我国动物资源面临严重的威胁	1.是什么原因造成它们数量越来越稀少呢？ 2.教师引入，动物资源的保护取决于人类，引入下一个话题那么我国采取了哪些措施做到更好的保护	学生回答问题： 由于人类活动引起生态环境的改变和破坏是导致动物物种灭绝的主要原因。并说出人类的哪些活动	复习七年级人类活动对生物圈的影响的教学。 学生通过讨论交流，而得出：生态环境严重破坏、过度开发利用、环境污染严重、偷猎盗采现象屡禁

教学过程	教师活动	学生活动	设计意图
	这些野生动物		不止等情况是造成我国珍稀动物的数量越来越稀少的主要原因
拓展和整合	拓展和整合生物多样性的含义及保护	学生理解个中含义	复习回顾
释疑提升：动物资源的保护取决于人类	一、阅读北师大版《生物学》八年级上册第45到第47页回答下列问题： 1.保护动物多样性时，需要从哪些层次上来制定保护战略和采取保护措施？ 2.动物多样性的保护措施包括哪些？ 3.什么是"就地保护"？什么是"易地保护"？ 4.我国为了强有力地保护动物多样性制定了哪些相关法律？ 二、讨论 1.你知道我们家乡的野生动物有哪些？ 2.作为新世纪的青年一代，在保护动物多样性方面，我们应该做些什么？	学生能够会完成任务，说出问题的答案。 1.在遗传物质物种和生态环境三个层次上。 2.①就地保护；②易地保护；③法制教育和管理。我国的自然保护区。 3.学生对老师给出的讨论问题，联系生活中的小事	复习七年级生物多样性的含义：①物种多样性；②遗传多样性；③生态系统多样性。 通过讨论，交流进行情感的教育。 对保护动物，从现在做起，从身边做起，从小事做起
本课小结	在屏幕上展示本节知识点，再次帮助学生 强化对本节重难点知识的理解、记忆	学生再次了解学习的任务	有助于对所学知识的理解记忆
达标检测	课件展示堂上练习题，激励学生以竞答的形式完成，检验自己的学习效果	积极思维，检查收获	了解学生在课堂上对知识的掌握情况，利于巩固新知
课后实践	利用图书馆或网络资源，查找有关我国动物资源和国家级保护动物的资料	学生参与，实践操作	培养学生的动手实践能力

附：《我国的动物资源及保护》导学案

【学习目标】

1. 说出动物多样性的含义；认识我国的动物资源概况及我国常见的珍稀动物。

2. 认识动物多样性保护的基本措施。

3. 树立动物多样性保护的意识，参与动物多样保护。

【预习导学】

1. 动物与人类有着极为密切的联系，我们的_____、_____、_____、都离不开动物。

2. 我国幅员辽阔，_____和_____条件复杂，为动物的生存和繁衍提供了丰富多样的。因此我国动物种类_____。

3. 我国脊椎动物大约_____种，占世界总数的_____，其中_____，哺乳动物有_____种，鸟类_____种，爬行动物_____种，两栖类_____种，鱼类_____种。

4. 我国特产的珍稀保护动物有_____、_____、_____、_____等。其中_____属于鸟类。

5. 生物圈中生物物种的灭绝是个_____的过程，但由于_____引起的，却使物种灭绝的速度加快。

【合作探究】

互动探究一：

1. 列举我国特产珍稀动物。

2. 说出我国动物资源面临的威胁。

归纳总结：

互动探究二：

1. 保护动物多样性时，需要从哪些层次上来制定保护战略和采取保护措施？

2. 动物多样性的保护措施具体包括哪些做法？

3. 什么是"就地保护"？什么是"易地保护"？两者有何区别？

4. 你知道，我国为了强有力地保护动物多样性制定了哪些相关法律？

【展示交流】

把这节课的学习疑问和学习收获，进行交流展示、梳理总结知识要点、难点！

【课堂总结】

小结本节课所学习的知识内容。

【课堂检测】

1. 下列关于建立自然保护区意义的说法不正确（　　　）

A. 有利于研究珍贵动植物的生态和生物等特征

B. 保护珍贵的野生动植物资源

C. 保护代表不同地带的生态系统

D. 是进行自然保护的唯一有效途径

2. 下列哪一项不是生物多样性的内涵（　　　）

A. 生物种类的多样性

B. 生物基因的多样性

C. 生态系统的多样性

D. 生物分布范围的多样性：在大气圈的下部、水圈的全部、及岩石圈的上部都有多种生物分布

3. 进入20世纪后，几乎每年至少有一种鸟类或哺乳动物从地球上消失，造成野生动物濒危或绝灭的主要原因是（　　　）

A. 自然灾害　　　　B. 天敌过多　　　C. 生态环境被破坏　　　D. 动物瘟疫

4. 我国修建的青藏铁路，在穿过可可西里、楚马尔河、加索等自然保护区的线路上采取了绕避、设置通道等措施，这样做（　　　）

① 能减少青藏铁路的建设投资

② 体现了人类在自然界面前是无能为力的

③ 有利于保护生态平衡　④ 有利于保护环境

A.①②　　　　　B.①③　　　　　C.②④　　　　　D.③④

5. 建立四川卧龙自然保护区的主要目的是（　　　）

A. 保护卧龙的原始森林资源　　　　　　　　B保护卧龙的旅游资源

C. 保护特定地带的自然生态系统　　　　　D. 保护濒临灭绝的熊猫

6. 下列有关保护生物多样性的观念中，恰当的是（　　　）

A. 物种灭绝后，可以再生

B. 引入世界各地不同的生物，以增加我国的生物多样性

C. 生物多样性的消失对人类不会产生威胁

D. 与人类没有直接利益关系的生物，也应该保留下来

7. 我国某熊猫基地中，有时会因大熊猫最喜爱的食物——箭竹的大面积开花死亡，导致熊猫食物短缺。此时你认为对大熊猫采取的最有效的保护方式是（　　）

　　A. 在当地大规模种植箭竹，以满足大熊猫的食物需求

　　B. 把饥饿的大熊猫抢救出来，进行人工圈养

　　C. 把该地区的大熊猫迁移至自然环境相似的保护区去

　　D. 对该地区的大熊猫进行大规模的人工繁殖

8. 麻雀曾被认定为主要害鸟，20世纪50～60年代，我国曾开展过大规模的"剿灭麻雀"运动，现在又发出了保护麻雀的呼声，对此以下说法不正确的是（　　）

　　A. 现在的麻雀被人们的"剿灭行动"吓怕了，不啄食和糟蹋农作物。

　　B. 现在认识到麻雀只是在食物非常稀缺时或繁殖季节才危害农作物，平时也啄食害虫。

　　C. 现在人们认识到自然界中各种生物间是相互依赖，相互制约的，麻雀在自然界的生态平衡中扮演了重要角色

　　D. 大量捕杀麻雀，破坏了食物网的稳定，影响了其他生物的生存

9. 三峡大坝建成并蓄水后，有些生物的生存受到了严重威胁。为了挽救这些生物，最好采取下列哪项措施？（　　）

　　A. 建立自然保护区

　　B. 将受到威胁的生物易地保护

　　C. 制定生物多样性保护的法律和政策

　　D. 开展生物多样性保护方面的科学研究和宣传教育

10. 造成我国某些野生动植物濒危和灭绝的主要原因是（　　）

　　A.物种退化　　B.温室效应　　C.人类的开发和利用　　D.栖息地的丧失

11. 在我国西部大开发的战略中，"保护天然林"和"退耕还林"是两项重要内容，采取这两项措施的首要目标是（　　）

　　A. 开展生态旅游　　　　　　B. 发展畜牧业

　　C. 增加木材产量　　　　　　D. 改善生态环境

12.三峡大坝修建后，人们将坝区的很多物种迁出了原地，这是为了保护（　　）

　　A. 生态系统多样性　　　　　　B. 物种多样性

C. 环境多样性　　　　　　　　D. 生物数量多样性

13. 关于生物多样性的保护，下列做法正确的是（　　　）

A. 捕猎国家一级保护动物来制造药物

B. 建立自然保护区

C. 不经论证引进一些外来物种

D. 麻雀会偷吃粮食，所以应当斩尽杀绝

14. 被誉为"杂交水稻之父"的我国科学家袁隆平用野生水稻与普通水稻杂交，培育出了高产的杂交水稻，为解决人类的粮食危机做出了巨大贡献。袁隆平院士培育杂交水稻利用的是生物多样性中的（　　　）

A. 基因多样性　　　　　　　　B. 生物种类多样性

C. 生物栖息地多样性　　　　　D. 生态系统多样性

15. 2008年5月12日四川汶川大地震，严重破坏了四川省卧龙大熊猫基地。为保护大熊猫，最好的营救措施是（　　　）

A. 自然流放到森林中　　　　　B. 转移到农家保护

C. 移入其他大熊猫基地　　　　D. 移入裸子植物园

16. 在我国境内，已经绝迹的野生动物有（　　　）

A. 大熊猫、黑熊　　　　　　　B. 野马、白鳍豚

C. 野骆驼、华南虎　　　　　　D. 新疆虎、野马

17. 下列动物中，全部属于我国特有动物的一组是（　　　）

A. 中华鲟、大熊猫、扬子鳄、企鹅

B. 褐马鸡、扭角羚、扬子鳄、大熊猫

C. 狮子、丹顶鹤、大熊猫、金丝猴

D. 大鲵、丹顶鹤、华南虎、猕猴

【作业布置】

思考与练习北师大版《生物学》八年级上册第42页及学考精练。

（本课设计者：阳山县韩愈中学　唐家敏）

音乐学科教学案例：管弦乐曲《春节序曲》教学设计

【学情分析】

本节课的教学对象是八年级学生。这一阶段的学生思维能力发展较快，自我意识增强，有较强的求知欲和表现欲。经过七年级一年的器乐学习和熏陶，学生已经有了运用简单乐器进行自主学习、合作探究的能力。所以本节课我结合八年级学生的心理特点和本班学生的实际情况，设计了律动、打节奏、吹奏等环节，激发学生的学习兴趣，并使学生体验成功的喜悦。

【教学目标】

1. 情感态度与价值观：在音乐中感受新春的欢快与喜悦，培养学生学习民间音乐的兴趣和对民间音乐文化的热爱。

2. 过程与方法：引导学生结合音乐各要素（力度、速度、情绪等）听赏音乐，积极主动地参与音乐体验（听、动、奏）,培养学生欣赏音乐、感受音乐的学习习惯，培养学生的音乐表现能力。

3. 知识与技能：从音乐要素（速度、力度、情绪等）入手，通过多种方式参与表现音乐，多方位调动学生的学习积极性，感受中华民族音乐的魅力。

【教学重点与难点】

1. 重点：听赏音乐，感受中华民族音乐的魅力。

2. 难点：通过多种方式参与表现音乐。

【教学方法】

示范法、讲述法、提示引导法。

【教具准备】

钢琴、竖笛。

【教学过程】

（一）导入，初听音乐

师：亲爱的同学们，日子在轮回流转中飞驰而过，无论过去的一年你经历了什么，此刻都可以轻轻地放下，让我们带着新的希望叩响新年的大门，用欢歌唱出浓浓的祝愿，祝：人寰春早百业旺，国泰家和万事兴！

提问：同学们，刚才老师的开场白适合用在什么节日？（春节）

这节课，就让我们在音乐欢歌中走进春节的欢腾，感受春节的热闹。（板书：春节序曲）

设计意图：模拟春节晚会的主持，营造浓浓的春节气氛。

（二）新课准备

在教师的引导下，在引子1音乐伴奏下模拟打鼓的节奏，烘托气氛。

设计意图：让学生打锣鼓节奏，感受民族乐器，活跃课堂气氛，激发学生的学习兴趣，并为欣赏乐曲做准备。

（三）新课教学

（1）介绍《春节序曲》的作者以及其的创作特点。

（2）带问题聆听引子1：引子1的情绪是怎样的？适合在什么场景下演奏？

（3）带问题聆听引子2：这段音乐带给我们怎样的情绪？最能烘托这种气氛的乐器是？

（4）引导学生说出引子2使用的创作手法：螺丝结顶。教师介绍螺丝结顶的创作手法，并引导学生分别用拍掌、拍腿"对话"来感受螺丝结顶的音乐特点。

（5）带问题聆听A部分：这个乐段的情绪、力度和节奏有没有变化？

（6）引导学生用简单的秧歌动作表现富有舞蹈性的A主题。

（7）带问题聆听B部分：情绪有没有发生变化呢？这段旋律分别用什么乐器演奏?这一乐段带给你怎样的感受？

（8）学生分别用长笛、竖笛，老师用口风琴一起演奏B部分的主题旋律。

（9）聆听第三部分：这一段和我们刚才听到的哪一段相似，又有什么不同？你有何联想？

（10）根据老师的板书，总结《春节序曲》的曲式结构，并完成小结的表格填写。

设计意图：此过程是本课的重难点所在，我引导学生带问题聆听音乐，用音乐要素分析音乐，并用不同的方式参与音乐，激发学生学习兴趣的同时让学生感受民族音乐的魅力。

（四）表现歌曲

完整聆听全曲，听到不同的主题音乐用自己喜欢的方式去表现音乐。

设计意图：通过敲打、律动、模仿等形式表现音乐，加深学生对音乐的感受，提高了学生的音乐表现能力。

（五）课堂总结

师：《春节序曲》运用中国民间音调，采用西洋作曲技法创作，深受中国人民的喜爱。在举世闻名的音乐之都——维也纳，中华民族乐团奏响此曲，引起了轰动。音乐没有国界之分，只有民族的才是世界的！我们要热爱民族音乐，使它屹立于世界音乐之林。

本次春节联欢会到此结束，祝愿我们的祖国国泰民安，繁荣昌盛！祝大家学业进步，家庭幸福！

设计意图：总结本节课的学习重点，并以主持人的结束语结束，与课堂开头相呼应。

（本课设计者：阳山县韩愈中学　邓丽娜）

第二节　黄埔学校"导融"诚正课堂案例

语文学科教学案例：《学习描写景物》
教学设计

【教材分析】

本节课的内容选自统编版八年级上册第三单元写作《学习描写景物》。本单元写作要求主要是让学生养成观察的习惯，学习从多个方面观察景物的方法，通过观察抓住景物特征，尝试运用多种手法，结合各种感官的感受，从不同角度描写景物，体会情景交融的感染力。新课标里面指出："多角度观察生活，发现生活的丰富多彩，能抓住事物的特征，为写作奠定基础。提出能与他人交流写作心得，互相评改作文，以分享感受，沟通见解。"因此，本节课引导学生自主欣赏写景段落，归纳描写景物常用的方法，并借助评价量规表提高学生的评价能力，培养学生的写作素养。

【学情分析】

八年级学生已经具备一定的写作能力，但对写作的基本技法还不能完全掌握；虽有对事物的认知和理解能力，但受知识量、词汇量和表达方式的限制，不能清楚、明确、精彩地把自己想说的、要说的和该说的表达出来。对于景物描写，囿于观察角度的单一，描摹语言的苍白，不是很擅长。因此，课堂上要调动学生写作的积极性，激发学生的写作兴趣，同时引导学生观察生活，积累素材，学以致用。

【教学目标】

1. 欣赏写景段落，归纳描写景物的常用方法。

2. 借助评价量规表，学会评价作文，提高写作素养。

【教学重难点】

1. 欣赏写景段落，归纳描写景物的常用方法。

2. 借助评价量规表，学会评价作文，提高写作素养。

【教学方法】

点拨法，自主、合作、探究法。

【教学过程】

（一）检查导学，反馈预习

阅读教材，整理描写景物的方法，并用星级量规评价表进行自我评价。

表3-2-1

评价标准		星级评价
		★★★★★
抓住景物特征	颜色、形状、声音等方面写出景物特征	
感官描写景物特征	视觉、听觉、味觉、嗅觉、触觉	
修辞手法	比喻、排比、夸张、拟人、反复（5种以上）	
时空角度	俯视、仰视、平视、近看、远观	
情感表现手法	融情入景，情景交融，借景抒情	
其他		
获得星星总数		

设计意图：学生通过自主学习，学会整理描写景物的方法，课堂上利用课前三分钟以自主评价表的方式进行自评，反馈自主预习的效果。

（二）创设情境，激趣导入

师：同学们，窗外有风景，笔下有前途，请观看视频，欣赏窗外美景，谈谈你看到的美景。

93

设计意图： 以学校风景的视频导入，激发学生的兴趣，引导学生观察景物。

（三）合作探究，分享交流

世间万物，千姿百态，四季景象，美不胜收。文字绘美景，如何描写美景？小组自主阅读《与朱元思书》文段，合作探究文章中共有多少种描写景物的方法？并以量规表进行小组评价。

水皆缥碧，千丈见底。游鱼细石，直视无碍。急湍甚箭，猛浪若奔。

夹岸高山，皆生寒树，负势竞上，互相轩邈，争高直指，千百成峰。泉水激石，泠泠作响；好鸟相鸣，嘤嘤成韵。蝉则千转不穷，猿则百叫无绝。鸢飞戾天者，望峰息心；经纶世务者，窥谷忘反。横柯上蔽，在昼犹昏；疏条交映，有时见日。

言语组织支架：

我认为我们小组可以获得_____星。因为阅读文段，小组发现了_____种描写景物的方法，分别是_____。如文中_____（句子）运用了_____（描写景物方法）展现了景物的美。

表3-2-2

评价维度	★★★	★★★★	★★★★★
描写景物方法	发现3种描写景物方法	发现4种描写景物方法	发现5种以上描写景物方法

设计意图： 以学生熟悉的课文引入，激发学生的学习兴趣。通过小组合作的方式，给予言语组织支架，让学生学会分享，归纳描写景物的常用方法。

（四）当堂训练，知行融合

师：请同学们观看图片，围绕"校园一景"写一个片段，可根据以下提示撰写：你看到了什么？听到了什么？闻到了什么？又感受到了什么？要求运用本节课所学的景物描写方法，字数100字以上。

图 3-2-1

设计意图：创设学生熟悉的情境，让学生有目的地创造，同时反馈学生对知识点的掌握情况。

（五）评价反思，总结提升

同桌之间根据评价量规表互相评文，提出修改意见，与大家分享所写之作。

言语组织支架：

我认为你的文章可以获得_____分，优点是文中运用了_____（景物描写方法）抓住了（景物）_____的特征，如_____（文中句子）。我建议你在_____方面进行修改，景物会更形象、生动。

表3-2-3

维度	一类	二类	三类	得分
抓住景物特征（10分）	景物特征明显。（8—10分）	景物特征比较明显。（4—7分）	景物特征有点明显。（1—3分）	
感官（10分）	运用3种以上感官描写景物特征。（8—10分）	运用2种感官描写景物特征。（4—7分）	运用1种感官描写景物特征。（1—3分）	
修辞手法（10分）	运用3种以上感官描写景物特征。（8—10分）	运用2种感官描写景物特征。（4—7分）	运用1种感官描写景物特征。（1—3分）	
多角度描写（10分）	运用正面描写、侧面描写、动态描写、静态描写等3种以上角度。（8—10分）	运用正面描写、侧面描写、动态描写、静态描写等2种角度。（4—7分）	运用正面描写、侧面描写、动态描写、静态描写等1种角度。（1—3分）	
情感（5分）	融情于景，感情真挚。（4—5分）	感情真挚。（2—3分）	感情不够明显。（1分）	
书写（5分）	书写工整，卷面整洁，无错别字。（4—5分）	书写比较工整，有1—3个错别字。（2—3分）	书写较潦草，卷面不够整洁，有3—5个错别字。（1分）	
总分（50分）				
亮点：_____				
建议：_____				

设计意图：设计评价量规表，让学生写有所向，了解自己写作的水平；在互评中修改作文，提高学生的写作能力。

（六）作业设计

必做题：把片段拓展成一篇500字以上的文章，并运用量规评价表进行自我评价。

选做题：以"笔下的家乡"为题，写一篇介绍家乡美景的文章。

设计意图：引导学生运用所学方法进行创作，提高学生修改作文的能力。

（本课设计者：阳山县黄埔学校　江丽萍）

数学学科教学案例：《弧长及扇形的面积》教学设计

【教材分析】

本节课是北师大版数学九年级下册第三章《圆》的最后一节课。通过学习，学生加深对弧形、扇形这两种几何图形的认识与理解，探索初中阶段弧长公式和扇形面积公式的推导过程，了解两个公式在实际问题中的应用。本课是有关圆的计算中的一个重要方面，是解决求圆的面积相关题型的知识依据，也是高中进一步学习弧长公式和扇形面积公式的基础。

【学情分析】

学生在小学已学习过圆的周长公式和扇形面积公式，并九年级上册了解了圆的相关概念，了解弧与圆是部分与整体的关系。探索弧长公式和扇形面积公式以圆的周长和面积公式为依据的，并通过弧与圆的关系、扇形面积与圆面积的关系推导出弧长公式和扇形面积公式。公式的推导过程并不会困难，难点在于对利用半径弧长表示扇形的面积公式的推导与理解。

【教学目标】

1. 让学生通过数学活动加深对弧、扇形的理解，探索和掌握弧长和扇形面积的公式，学会运用弧长和扇形面积公式解决一些实际问题。

2. 让学生经历弧长和扇形面积公式的推导活动，培养学生动手画图、自主探究的能力；在利用弧长和扇形面积公式解题时，培养学生应用知识、空间想象的能力。

3. 通过对弧长和扇形面积公式的自主探究，让学生获得亲自参与研究探索的情感体验；通过同桌的讨论、交流和解决问题的过程，让学生更多地展示自己，建立自信，树立正确的价值观。

4. 培养学生用数学思维看待问题，辨析整体与部分的逻辑关系，体会由一般到特殊的数学思想。

【教学重难点】

1. 教学重点：对弧长和扇形面积计算公式的推导、运用。

2. 教学难点：用弧长表示扇形面积的公式的变形与理解。

【教学方法】

情境创设法、小组合作学习、讨论法。

【教学过程】

（一）检查导学，反馈预习

提问：圆的周长和面积公式是怎样的？你能用字母分别表示出来吗？

周长公式：$C=$＿＿＿＿＿＿＿＿，$S=$＿＿＿＿＿＿＿＿。

设计意图：通过复习圆的周长面积公式，让学生做好知识准备；通过情境引入，激起学生探索解决问题的兴趣和热情。

（二）创设情境，激趣导入

1. 问题情境

（1）如图，某传送带一个转动轮的半径为10cm。

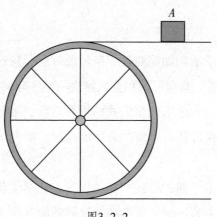

图3-2-2

①转动轮转一周，传送带上的物品A被传送多少厘米？

②转动轮转1°，传送带上的物品A被传送多少厘米？

③转动轮转60°，传送带上的物品A被传送多少厘米呢？

④转动轮转n°，传送带上的物品A被传送多少厘米？

（2）数学思考：解决问题并思考。

对于上述问题，你能画图加以思考吗？所求的数量是什么图形？它与圆有何关系？

弧长与圆的周长有什么关系？请你用字母把弧长计算公式表示出来：

$C=$ _____。

2. 范例学习

例：制作弯形管道时，需要先按中心计算"展开长度"再下料。试计算图中所示的管道的展直长度，即弧AB的长(结果用含π的式子表示)。

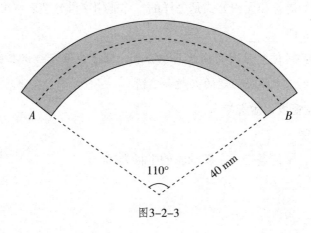

图3-2-3

3. 练习演练

（1）已知弧所对的圆心角为90°，半径是4，则弧长为_____。

（2）已知一条弧的半径为9，弧长为8π，那么这条弧所对的圆心角为_____。

设计意图：通过提出问题，引导学生用数学的眼光看待问题，用数学的思维解决问题。通过画图，分析思考弧长和圆周长之间的关系，让学生能推导出 $n°$ 的圆心角所对的弧长的计算公式；并通过例题、练习学会对公式的掌握与运用。

（三）合作探究，分享交流

1. 问题情境

（1）在一块空旷的草地上有一根柱子，柱子上拴着一条长3m的绳子，绳子的一端拴着一只狗。

图3-2-4

① 这只狗的最大活动区域是多少？

② 如果这只狗拴在夹角为90°的墙角，那么它的最大活动区域是多少？

（2）思考：

① 上述问题，你能画图加以思考吗？

② 所求的数量是什么图形？怎样的图形是扇形？你觉得可以怎样表示扇形？

③ 扇形的面积与圆的面积有何关系？类比弧长公式的推导，探索扇形的面

积计算公式。

圆心角是1°的扇形面积是圆面积的多少？

圆心角为n°的扇形面积是圆面积的多少？

④请你用字母把扇形的面积计算公式表示出来。

S=＿＿＿＿＿＿＿＿＿＿＿＿＿。

2. 范例学习

例　扇形AOB的半径为12CM，∠AOB=120°，求弧AB的长（结果精确到0.1CM）和扇形AOB的面积（结果精确到0.1CM²）。

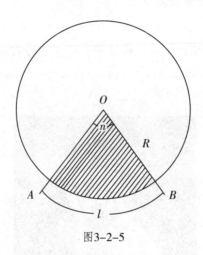

图3-2-5

3. 练习演练

（1）已知扇形的圆心角为120°，半径为2，则这个扇形的面积为＿＿＿＿＿。

（2）已知扇形的圆心角为150°，弧长为20πcm，则扇形的面积为

＿＿＿＿＿＿＿＿。

设计意图：通过问题情境让学生构建扇形解决问题，学生通过类比弧长公式的推导，由学生自己推导扇形的面积计算公式，并能掌握公式的运用。在此过程中，提高学生研究和解决问题的能力，增强识图能力和语言表达能力，从中体验自主尝试、成功的快乐。

（四）评价反思，总结提升

（1）比较扇形面积与弧长公式，你能用弧长表示扇形面积吗？

思考：如何比较？如何公式变形？

S=＿＿＿＿＿＿＿＿＿＿＿＿＿＿＿＿＿。

想一想：对于6（2）中的问题，你还有其他的计算方法吗？比较一下所有的解题方法并择优录用。

（2）你对弧长公式和扇形面积公式是怎么要理解的？

设计意图：学生通过小组讨论，在合作交流的基础上尝试推导出扇形面积和弧长之间的关系。进一步加强学生合作交流和归纳总结能力，渗透优选解题策略的思想，并体会部分与整体之间的联系和类比、转化的数学思想。

（五）当堂训练，知行融合

活动内容：知识技能1、2小题

设计意图：使学生掌握并灵活运用公式。

（六）作业设计

必做题：北师大版教学九年级下册第三章习题3.11　第1题

选做题：北师大版教学九年级下册第三章习题3.11　第3题

设计意图：两个题分别针对中下层学生和学有余力的学生布置。

（本课设计者：阳山县黄埔学校　邓健聪）

英语学科教学案例：*Some things usually have different meanings in different cultures*教学设计

【教材分析】

1. What：本课时为仁爱版英语九年级上册Unit 3 Topic 2 Section C阅读课，阅读文章内容是动物和植物在中西方国家文化里的象征意义，如龙、玫瑰等词语在中国文化和西方文化里的含义，让学生了解相同的词语在不同文化里的差异。

2. Why：学生通过了解相同词语在不同文化里的差异并进行对比，龙在西方文化里被认为是危险的动物，而中国的文化里却是希望、运气的象征；玫瑰在中西方文化里都是和平、勇气、友谊的象征。通过阅读，使学生拓宽了眼界，开阔了视野，引导学生要学会理解、尊重并包容不同国家的文化。

3. How：语篇是一篇说明文，全文共分为三个部分：第一部分（第1自然段）首先总说不同的文化不同的含义；第二部分（第2、3自然段）主要说明龙在中西方文化里的不同含义；第三部分（第4自然段）主要说明玫瑰在中西方文化里的相同含义。语篇逻辑脉络清晰，先说明动物在中西方文化里的差异，然后说明植物在中西方文化里的相同含义。

【学情分析】

1. 学生的学习经验：学生来自九年级，但是英语基础处于中等水平，大部分能主动参与课堂，能主动做笔记，但是复述和写作文段能力仍需要教师提供帮助。

2. 学生已有的认知基础：学生对中西方文化这一话题比较感兴趣，如肢体语言、词语在不同文化里的含义，与学生的学习、生活紧密相连。

3. 学生的语言水平：学生已经学过一般现在时的被动语态，所以对本课的内容应该不会感到困难。

【教学目标】

1. 掌握本课的重点词汇和短语，能正确理解含有动植物的英语习语。
2. 能拟出文章的题目，找出各段的中心句。
3. 能运用快速阅读、细节阅读等阅读策略来进行阅读文章。
4. 能根据所读的文章以及所学的语言仿写类似的作文。
5. 让学生关爱身边的动植物，因为对动植物的描写使语言变得丰富多彩，从而使学生更加想学好这门语言，了解东西方文化的差异。

【教学重难点】

1. 教学重点：掌握本课时的重点词汇和短语，正确理解含有动植物的英语习语。
2. 教学难点：能运用所学的语言和所阅读的文章结构仿写类似的作文。

【教学方法】

1. 任务型教学法：通过设置不同的阅读任务让学生完成，让学生在阅读过程中掌握阅读的技巧。

2. 多媒体辅导教学法：运用希沃平台辅导教学，激发学生的学习兴趣。

3. 小组合作学习法：通过小组合作学习完成任务，培养学生的合作探究精神。

4. 自主学习法：课前下发导学案让学生自主完成，培养学生的自主学习能力。

【教学过程】

（一）检查导学，反馈预习

检查提前下发的导学案，了解学生的预习情况。

（二）创设情境，激趣导入

（1）Warm-up and lead -in：listen to a song，Descendants of *the Dragon*（龙的传人）.

（2）Talk about what dragons stand for in China and lead to the topic：different cultures，different meanings.

（3）Talk about the picture in 1a and lead the students to predict what the passage is about.

设计意图：课前播放英文版歌曲《龙的传人》，活跃气氛，同时也从歌词引导学生思考：龙在西方国家也与中国有一样的象征意义吗；让学生观察1a的插图预测本节课的内容，从而导入本节课的阅读话题——不同文化，不同含义。

（三）合作探究，分享交流

（1）Fast reading：Read the whole passage and choose the proper tittle for the passage.

The title of the passage may be _____.

A. Animals and Plants

B. China and Western Countries

C. Different Cultures，Different Meanings

D. Positive and Negative Meanings

设计意图：通过设置阅读任务快速阅读寻找文章的标题，引导学生学会阅读首尾段来找出文章的中心句。

（2）Careful reading：Read Paragraph 2 and match the meanings of phrases about dogs.

a homeless dog	你是个幸运儿
a running dog	狗拿耗子多管闲事
a dog catching a mouse	人人都有得意之日
You are a lucky dog	丧家犬
Every dog has its day	走狗

设计意图：通过匹配的练习，让学生了解狗在中西方文化的含义，体会文化的差异，引导学生进行细节阅读。

（3）Careful reading：Read Paragraph 3 choose the best answers in 1b.

（4）Careful reading：Read Paragraph 4 and answer two questions：(3mins)

① Underline the topic sentence of paragraph 4.

② What does the rose stand for in Chinese culture and western cultures?

设计意图：通过细节阅读，让学生了解第3、4自然段的大意，明白龙、玫瑰、在中西方文化里的异同；同时培养学生学会找出各段中心句的能力。

③ Choose the best answer of the structure for the passage _____.

(P1=Paragraph 1 P2=Paragraph 2)

A. P1// P2 // P3 P4 //   B. P1 // P2 P3 // P4 //

C. P1// P2 // P3 // P4 //   D. P1 // P2 P3 P4//

设计意图：通过结构的划分，引导学生在以后的写作中要学会按内容来分段，整体把握写作的结构，也为下面的写作活动做铺垫。

（四）当堂训练，知行整合

Step1 Post-reading

（1）Group work：1c. Complete the table based on 1a. You can also add something else. (2mins)

表3-2-4

Plant and animal	In Chinese culture	In western culture
dragon		
rose		

设计意图：通过读后填表，让学生更深刻地认识到中西方文化的差异。

（2）Complete the sentences with the correct forms of the given phrases. Finish 2.(2mins)

设计意图：通过填空让学生回顾本节课的重点词汇，为下面的写作做好语言的铺垫。

（3）Write a passage with the title Different Cultures，Different Meanings based on the table. You can add more items.

表3-2-5

Plant and animal	In Chinese culture	In western culture
peacock	goodness/beauty/peace	pride
bat	long life/ happiness	bad luck
bamboo	happiness/peace	wisdom/power
...		

设计意图：通过读后写作任务的设计，让学生在阅读输入后能有机会进行语言的输出，达到学以致用的目的，也更深地巩固本节课所学的语言知识。

Step2 Pre-writing

（1）Writing steps：审—写—美—查。

① 初"审"的内容：人（人称），文（文体），主（主题），时（时态），字（字数）。

二"审"：要点、分段。

三"审"：

写作思路：背景介绍（引入主题）—主要内容—总结（总结梳理、首尾呼应）。

四"审"：必备词汇、词组、句型。

设计意图：引导学生在写作前一定要认真审题，确定写作的人称、时态、内容、字数、体裁等，同时帮助学生激活写作的词汇和句型。

② 写：按写作思路来写，可先拟大纲或画思维导图。

③ 美：将文章润色，用上高级词汇、连词、过渡语、谚语等。

④ 查：一查结构（是否分三段），二查单词是否有拼写错误、搭配错误，三查语法错误，如主语的人称和谓语动词是否一致等。

设计意图：引导学生要按照思路来进行写作，同时引导学生要恰当运用高级的词汇、连词、过渡语等。

Step3 While–writing

Draw an outline or a mind-map according to the content.（根据题目拟大纲或画思维导图）

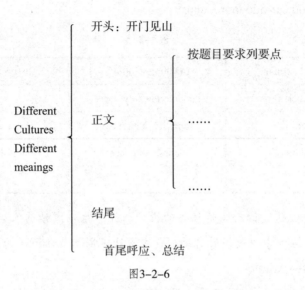

图3-2-6

设计意图：通过思维导图的方式帮助学生搭建写作的框架，让学生在写作前有一个清晰的写作结构，逐渐形成写作的习惯。

Step4 Post–writing

（1）Check the composition by yourself according to the standards.

（2）Exchange your composition with your partners.

设计意图：通过学生自查、同伴互评的方式让学生对自己的作文进行二次作文，提高写作的质量。

（五）评价反思，总结提升

Summarize what we have learnt in this lesson.

设计意图：回顾本课时的主要内容。

（六）作业设计

1.必做题

（1）继续完成课堂作文，先小组内互相批改再上交。

（2）完成练习册Section C。

（3）预习Section D，完成导学案的预习导学。

2. 选做题

继续搜集相同词语在中西方文化的异同有关资料，回校与同学们分享。

设计意图：巩固课上所学，预习新课；拓展同学们有关中西方文化异同的相关知识。

（本课设计者：阳山县黄埔学校　李素贞）

道德与法治学科教学案例：《在品味情感中成长》教学设计

【教材分析】

本课是统编版道德与法治七年级下册第二单元第五课《品出情感的韵味》的第二节内容，引导学生在日常生活中有意识地发掘美好的生命体验，通过人际交往、与外部环境互动获得美好的情感体验，帮助学生将负面感受转化为成长的助力，激励学生积极主动地影响身边环境、学会创造美好的情感体验。

【学情分析】

情感生活是初中学生青春成长的重要领域。中国社会的转型发展带来儿童和青少年的生活方式的极大变化，在一定程度上造成其情感发展的缺陷，这需要学校予以关注和补正。引导学生在觉察、认知情感的基础上，将青春的创造力与自身的情感体验、对生活的美好愿望相融合，积极影响身边环境，传递情感正能量。

【教学目标】

1. 知识目标：了解美好情感的作用；分析负面情感体验对我们的影响；理解生活中不断创造、传递美好情感体验。

2. 能力目标：运用多媒体创设情境，充分发挥学生的学习自主性，使正确认识情感对我们成长的意义。

3. 情感、态度与价值观目标：引导学生培养、传递正面情感体验，保持身心愉悦，逐步丰富我们对生活、对人生的美好情感。

【教学重难点】

1. 教学重点：获得美好情感的途径及负面情感体验对我们的影响；在生活中传递正面情感。

2. 教学难点：负面情感体验对我们的影响。

【教学方法】

启发法、课堂讨论法、讲授法。

【教学过程】

（一）导入新课

检查导学，反馈预习。

（二）展示教学目标，自主学习

（1）了解美好情感对我们的作用，知道获得美好情感的途径。

（2）辩证地认识负面情感的影响。

（3）学会在情感体验中传递情感正能量。

设计意图：通过自主学习，让学生熟悉课本，初步了解这节课学习的内容。

（三）创设情境，激趣导入

多媒体播放视频：《那些让人感动的2022瞬间》。

师：相信同学们看了这个视频都十分感动，我们看到一个个助人的瞬间时，会感到身心愉悦，其实这表达着我们美好的愿望，这就是情感的作用。今天就让我们走进《在品味情感中成长》这课。

设计意图：以感人视频导入，让学生产生情感的共鸣，有利于学生美好情感的激发与表达，能够更好地调动学生的学习兴趣和参与课堂活动的意愿。

（四）合作探究，分享交流

1.目标导学一：获得美好情感的途径

活动：图片展示。（多媒体显示情景）

在生活中，你知道哪些创造正面情感的技巧和方法？

教师总结：情感是在人的社会交往、互动中自然而然的产生的。我们可以通过阅读、与人交往、参与有意义的社会活动等方式获得美好的情感。

知道了情感的获得来源，同时也应掌握一些创造正面（美好）情感的技巧和方法：①选择完成一项自己喜欢的活动；②帮助他人；③走进博物馆或大自然；④欣赏艺术作品等。

2.目标导学二：负面情感的影响

活动：情景分析。（多媒体显示情景）

（1）在日常生活中，面对作业太多、竞选班干失利、考试压力等，会让我们产生一些负面情感。

提示：焦虑感、羞耻感、挫败感。

（2）这些情感会带给我们什么影响？是不是对我们影响都是不好的呢？

提示：这将成为他成长的动力，促使他成为更好的自己。

教师总结（负面情感的影响）：负面情感可以给我们带来不舒服、不愉快的负面感受，它也可以丰富我们的人生阅历，使我们的生命变得更加饱满丰盈。学会承受一些负面情感，善于将负面情感转变为成长的助力，可以让我们从中获得美好的情感体验，不断成长。

3.目标导学三：传递情感正能量的途径

活动：情景分析。（多媒体显示图片、视频）

在生活中，你知道哪些传递正能量情感的途径？

教师总结（传递正能量情感的途径）：

① 在情感体验中，我们并不总是被动地接受外部环境的影响，也可以用自己的热情和行动来影响环境。我们要学会改变自己所处的环境，学会关心他人，掌握改变环境的技巧。

② 我们的情感需要表达、回应，需要共鸣。在与他人的情感交流中，我们可以传递美好的情感，传递生命的正能量。

③ 在生活中不断创造美好的情感体验。

设计意图：通过图片展示，让学生能直观地了解获得美好情感的途径；通过情景分析，知道负面情感对我们的影响；以图片、视频相结合的方式，解决这节课的重点，能更直观、更生动的展示，方便学生记忆和理解。

（五）评价反思，总结提升

让学生归纳这节课的知识点，谈谈学了这节课有什么感受？

教师总结：这一课我们学习了如何在体味和传递美好情感中成长，懂得了美好情感能促进我们的发展。我们可以通过人际交往、互动来获得美好情感。我们明白了某负面的情感体验可以转化为积极的、美好的情感，变为我们成长的助力，也明白了要主动适应环境，积极与人交往。让我们在情感的积极表达、回应与共鸣中，一起传递正能量的情感，共同创造美好生活。

设计意图：通过学生的回答，可以让教师了解学生对本节课的知识点掌握情况，从而优化本单元的教学设计。

（六）当堂训练，知行融合

在多媒体展示小游戏，让学生判断对错。

设计意图：学以致用，通过小游戏的形式，能把枯燥的练习生动起来，提高学生的学习兴趣和激情。

（七）作业设计

1.必做题

完成练习册。

2.选做题

课后，选择恰当的时机，为你认为重要的人（如父母、老师或朋友）制造一次难忘的、愉悦的经历；或者尝试向你身边需要帮助的陌生人传递美好的情感。请将相关内容记录在下表中。

表3-2-6

传递对象	事件简述	情感交流
我的家人		
我的老师		
我的朋友		
陌生人甲		
陌生人乙		

设计意图：必做题是以练习册为载体，巩固练习，教师检查学生的学习效

果。选做题是记录美好情感，让学生感受美好的情感，积极传播正能量的情感。

【板书设计】

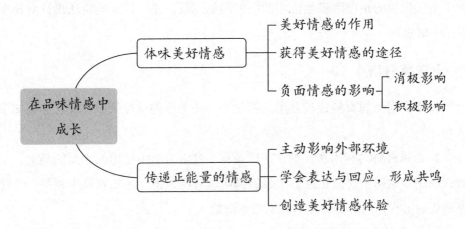

设计意图：思维导图式板书，可以有效引导学生思考，培养学生的发散性和创造性思维，提高教学效果。

（本课设计者：阳山县黄埔学校　郭秀红）

化学学科教学案例：《暖宝宝中的金属》教学设计

【教材分析】

金属材料是《义务教育化学课程标准（2022年版）》中学习主题"物质性质与应用"中"常见的物质"的第三个板块，也是学生在学习了空气、氧气、水、二氧化碳之后，再一次接触到常见物质的学习。其单元内容涉及"知道金属的一些共同物理性质""认识金属的常见化学性质及金属活动性顺序""了解金属、金属材料在生产、生活和社会发展中的重要作用""以铁生锈为例，了解防止金属锈蚀的常用方法及金属的防护，体会金属冶炼的重要性"等，单元知识的学习是从单一物质的研究向一类物质研究的过渡，在初中化学的学习中，具有举足轻重的地位。复习引导学生认识和探究身边的金属，旨在让学生形成元素化合物知识体系，使学生初步认识物质的用途与性质之间的关系，帮助学生从化学的角度理解生活中的一些常见现象，建构控制变量法设计对比实验的一般思路。

【学情分析】

1. 学生对金属材料比较熟悉，但仅是一些零散的感性认识，没有形成知识体系。

2. 金属材料的利用和保护学生已经有了日常生活中使用铁制品的经验，了解铁制品易生锈，对防止金属生锈的措施也有所认识，还知道铁生锈是一个缓慢氧化的过程，但对其变化的实质尚不清楚。

3. 知道研究物质的性质要通过实验探究的方法，具备一定的科学探究能力，而思维则处于形象思维向抽象思维过渡的阶段，乐于探究，但对于实验方案的设计思路仍停留在感性认知上。

4. 初步具有控制变量设计实验的意识，但缺乏将实际问题转化为化学问题的能力，也没有形成思维方法。

【教学目标】

1. 复习金属材料、金属材料的利用和保护、金属的锈蚀，形成有关金属材料的知识体系。

2. 通过回顾铁锈蚀的实验，设计实验方案，初步形成控制变量法思想设计对比实验的思路与方法。

3. 回收利用暖宝宝，变废为宝，增强学生的环境保护意识，初步形成节约资源的态度，培养社会责任担当。

4. 了解化学与日常生活、生产的密切关系，体现化学学科的价值。

【教学重难点】

1. 教学重点：掌握金属材料、金属的利用与防护、金属的冶炼的知识及其应用。

2. 教学难点：运用控制变量法设计实验方案解决实际问题。

【教学方法】

在多媒体辅助教学的基础上，结合复习的内容，采生合作学习、归纳思路与方法的方式进行教学。

【教学流程】

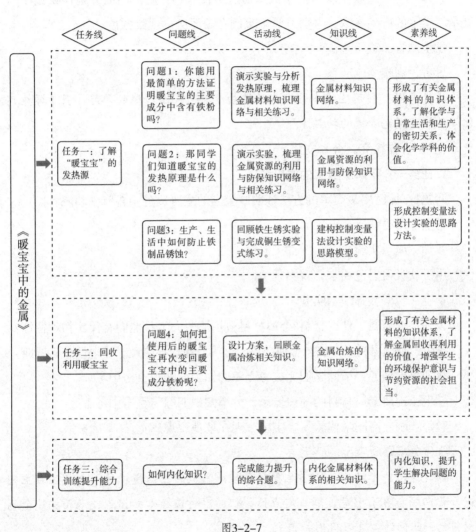

图3-2-7

【教学过程】

（一）检查导学，反馈预习

小组长检查组员的完成情况，小组讨论时，有疑惑的地方，小组长做好记录。

设计意图：小组检查与讨论，培养学生的合作意识，借助小组长的力量，提高复习的效率。

（二）创设情境，激趣导入

教师：（展示暖宝宝）同学们知道这是什么吗？里面的成分是什么呢?PPT展示暖宝宝的产品参数，并剪开暖宝宝倒在表面皿中观察颜色。

学生回答：暖宝宝。

思考、观察。

设计意图：利用生活中暖宝宝的情景素材引入本节课的学习，引导学生用化学的视角探究身边的物品。

（三）合作探究，分享交流

1. 任务一：了解暖宝宝的发热源

问题1：你能用最简单的方法证明暖宝宝的主要成分中含有铁粉吗？

学生：用磁铁。

教师：演示实验——

用磁铁吸引黑色粉末，观察现象。

学生：观察教师演示实验。

教师：铁粉属于什么材料?金属材料包括那两大类？他们有什么物理特性?

学生：金属材料，金属与金属单质，金属光泽、导热性、导电性、延展性。

教师提出任务：请同学们完成考点一的知识回顾与直击中考。

学生：构建金属材料的知识体系，分享知识回顾与直击中考答案。

教师：刚才有同学体验了暖宝宝，现在请他说说感觉。

学生分享贴暖宝宝的感觉。

设计意图：本活动基于学生熟悉而又感兴趣的生活情境导入，学生自主完成知识回顾与直击中考，题目起点低，但精准对应核心知识点，从而构建金属材料的知识网络，复习巩固知识点。

问题2：同学们知道暖宝宝的发热原理是什么吗？

教师：演示实验——

把使用过的暖宝宝剪开，把里面的固体倒在表面皿中观察颜色。

学生：观察教师演示实验。

教师追问：反应后红棕色固体主要是什么物质呢？这与我们生活中铁的那种现象相似？

学生：氧化铁，与铁生锈现象相似。

学生：阅读暖宝宝的发热原理解密——铁生锈我们感觉不到热量的变化，是因为铁生锈属于缓慢氧化，暖宝宝成分中加入了氯化钠、活性炭，在氯化钠和活性炭的加速作用下，暖宝宝中的铁粉和空气中的氧气、吸水树脂中的水迅速反应,放出大量热，在顶级保温材料——蛭石的作用下，发热持久稳定。

教师：暖宝宝中的铁粉生锈给我们带来了温暖，但生活、生产中的铁制品生锈会造成金属资源我浪费。

问题3：生产、生活中如何防止铁制品锈蚀？

教师提出任务：请同学们完成考点二的知识回顾与直击中考。

学生：构建考点二金属资源的利用与防护的知识体系；分享知识回顾与直击中考答案。

设计意图：本活动基于学生生活中熟悉而又感兴趣的情境，学生自主完成知识回顾与直击中考，精准对应核心知识，从而构建金属资源的利用与防护的知识网络，复习巩固知识点。

实验突破：用表格回顾铁制品锈蚀的条件——理解控制变量法。

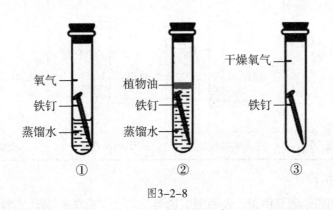

图3-2-8

表3-2-7

实验	变量	不变量	实验目的
试管①和②			研究与氧气接触是否为生锈条件
试管①和③			研究与水接触是否为生锈条件

学生：建构控制变量法思想设计对比实验的思路。

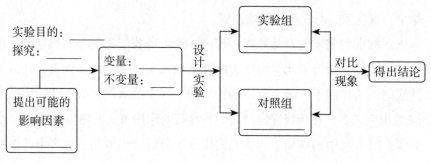

图3-2-9

变式练习：长期露置在空气中的铜也会发生锈蚀，经查阅资料得知——铜锈的主要成分为碱式碳酸铜［化学式$Cu_2(OH)_2CO_3$］。

提出猜想：根据铜锈的组成推测，铜生锈可能与空气中_____的有关。

进行实验：实验小组同学取直径相同、长度也相同的铜丝，并打磨光亮。设计了如下表所示的实验。

表3-2-8

实验①	实验②	实验③	实验④
铜片 — CO_2 O_2 水	铜片 — O_2 水	铜片 — CO_2 水	铜片 — CO_2 O_2
铜生锈	无明显现象	无明显现象	无明显现象

解释与结论：

（1）对比实验①和③，说明铜生锈与_____有关；对比实验①和②，说明铜生锈与_____有关；对比实验_____和_____，说明铜生锈与水有关。

（2）由上述实验可推知，铜生锈的条件是_____。

学生：小组合作完成变式练习。

设计意图：通过回顾铁生锈实验建构控制变量法的思想，设计对比实验的

116

思路；以铜生锈的变式练习，内化利用控制变量法思想设计对比实验的思路与方法。

教师：使用过的暖宝宝属于哪一类垃圾？怎么处理？

问题4：如何把使用后的暖宝宝再次变回暖宝宝中的主要成分铁粉呢？

学生：分享把氧化铁变回铁的方法。

教师：播放实验室炼铁视频，复习实验室炼铁注意事项及相关反应、现象。

学生：回答实验室炼铁注意事项及相关反应、现象。

提出任务：请同学们完成考点三的知识回顾与直击中考。

学生：构建考点三炼铁相关知识体系，分享知识回顾与直击中考答案。

设计意图：本活动基于学生生活中熟悉而又感兴趣的情境，师生共同完成知识回顾与直击中考，精准对应核心知识，从而构建金属冶炼的知识网络，复习巩固知识点，通过暖宝宝的回收利用，增强学生的环保意识与节约资源的社会担当。

（四）评价反思，总结提升

师：今天，你收获了什么？分别从知识、观念、技能等方面说一说。

生：分享本节课的收获。

设计意图：梳理课堂所学，建立知识结构,形成观念。

（五）当堂训练，知行融合

综合能力提升

1.（2023·荆州）2023年6月4日，"神舟十五号"载人飞船（模型图如下）返回舱经过大气层时，经受住了一千多度的高温考验，最终成功返回地面。下列说法错误的是（　　　）

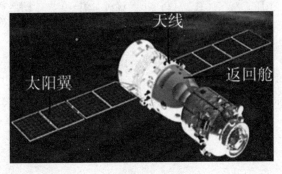

图3-2-10

A. 太阳翼可将太阳能转化为电能

B. 飞船大量使用密度较小的合金材料,能减轻船体质量

C. 返回舱表面所用的材料具有熔点高、强度大等特点

D. 天线材料采用了钛镍合金，它属于有机合成材料

2. （2022·广东改编）对铁生锈与燃烧条件的实验探究如图所示。该实验探究过程中，运用了 _____ 法。若要探究接触水是否为铁生锈的条件，可对比 _____（填序号）。

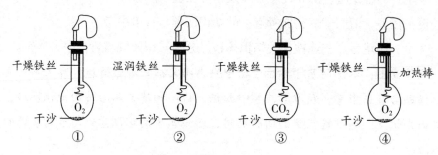

图3-2-11

3. （2019·广东）探究铁生锈的条件，有利于寻找防止铁制品锈蚀的方法，下列对比实验设计与所探究的条件（蒸馏水经煮沸并迅速冷却），对应关系正确的是（　　）

A. 甲和乙：水   B. 乙和丙：空气

C. 甲和丙：空气   D. 甲和丁：水

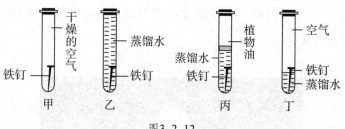

图3-2-12

4. （2023·赤峰）钢铁冶炼的部分工艺流程如图所示，回答下列问题.

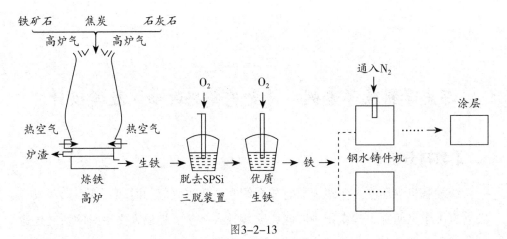

图3-2-13

（1）用化学方程式表示赤铁矿石冶炼成生铁的反应原理：＿＿＿＿＿＿。

（2）钢铁冶炼的产品是生铁和钢，两者的主要区别是：＿＿＿＿＿＿＿。

（3）在钢水铸件机中，高温钢水加工成钢制零件时，充入氮气的作用是：

＿＿＿＿＿＿＿＿＿＿＿＿。

（4）流程的最后一道操作是涂层（即在金属制品表面进行喷漆或搪瓷等），该操作的主要目的是＿＿＿＿＿＿＿＿＿＿。

学生完成能力提升题并分享解题思路。

设计意图：通过能力综合题，强化复习目标达成，同时重点关注学生过往学习中的理解难点和解题中的易错点。

（六）作业设计

必做题：《中考解读课后作业本》P7第1—4题P8第6题

选做题：设计实验证明暖宝宝主要成分中含有铁粉

设计意图：在解决问题过程中巩固所学知识，使知识得到内化。

【板书设计】

暖宝宝中的金属

1. 金属材料

2. 金属资源的利用与防护

3. 金属的冶炼

（本课设计者：阳山县黄埔学校　周莲英）

历史学科教学案例：《文艺复兴运动》教学设计

【教材分析】

统编版世界历史九年级上册首先介绍文艺复兴兴起的时间，地点及背景。随着资本主义萌芽，14世纪中叶起，质疑教会神学、提倡人文主义的新文化运动在意大利兴起并逐步传播到欧洲各地。意大利的但丁、达·芬奇以及英国的莎士比亚等文学及艺术家推动着这场新文化运动的发展。文艺复兴运动是资本主义经济发展在思想文化领域的反映，是资产阶级所倡导的一种生活哲学，该运动的发展推动欧洲资本主义经济和政治的变化。

教材有四个子目，第一子目介绍文艺复兴运动兴起的原因、时间、地点、实质及意义等内容，课文陈述比较简洁，但名词概念以及牵涉的问题却比较多，授课过程中应当作必要的引申。第二至四子目分别介绍但丁、达·芬奇和英国的莎士比亚，介绍他们的作品内容及特点。人物及作品数目较多，教学过程中要指导学生注意辨别，预防学生混淆。

【学情分析】

经过七八年级的学习，学生已初步形成了历史学科的一些学习习惯和思维方法，但本课所涉及的概念及事件都是新的，学生记忆理解相关知识过程中可能会遇到一定的障碍，所以，授课时，教师应该借助多媒体工具展示人物、作品等形象资料，使学生在感性认识的基础上形成理性认识。贯彻"突出主体，先学后教"的原则，先安排学生课前自学，完成相关导学习题，但山区学生学习基础较差，课堂上要重视引导学生记忆和理解相关内容。

【课标分解】

《义务教育历史课程标准（2022年版）》要求"了解文艺复兴的原因和经过代表人物，理解文艺复兴的实质及人文主义的发展及对人的思想的意义。"

学生了解文艺复兴运动兴起的原因背景，知道课本着重介绍但丁、达·芬奇以及英国的莎士比亚三个代表人物及其代表作品，知道他们作品的特质。学生要知道文艺复兴运动实质是新文化运动，资产阶级思想解放运动，其核心是人文主义。学生通过代表人物的一些诗句或绘画作品理解人文主义的内涵，并理解该运动如何促进人的思想解放。

【教学重难点】

1. 教学重点：文艺复兴时期几个具有代表性的文学家、思想家、艺术家及作品。

2. 教学难点：文艺复兴运动兴起于意大利的原因背景，人文主义的内涵以及对人思想解放发挥的意义。

【教学方法】

1. 教法：解释讲授、归纳板书、资料运用、媒体辅助。
2. 学法：自主阅读、讨论探究、发言汇报、练习巩固。

【教学设计】

（一）检查导学，情景导课

（1）借助辅导习题引导学生课前预习，课堂上首先检查学生完成导学习题的情况，表扬先进并给予加分。

（2）课件展示两幅欧洲中世纪宗教画像，让学生认识中世纪欧洲社会黑暗的表现，引出"文艺复兴运动"的话题。

设计意图：贯彻"突出主体，先学后教"的原则，学生必须课前开展自主学习，为课堂探究相关问题打下基础。好的开始是成功的一半，所以要重视导课，导课必须让学生感到出其不意，从而激发学生的学习兴趣。

（二）合作探究，交流分享

1. "曙光初现"

（1）课件展示一则文本材料，安排学生研读材料并回答相关问题。

材料研读：

14世纪中叶，意大利的佛罗伦萨、威尼斯等地工商业已有一定的发展，一些城市出现了资本主义萌芽，为新文化、新思想的滋生和繁荣提供了沃土。

中世纪（约395—1500年），在这一千多年中，欧洲社会发展基本处于停滞状态，在中世纪政教合一的体制下人性受到极大的压抑。

在基督教时代，古希腊、古罗马文化的传统更多地保留在意大利。意大利各城市同拜占庭、阿拉伯一直有着经济和文化上的联系。因此意大利人更容易接触古希腊手稿和艺术古迹。

从14世纪中叶起，欧洲经历了一场前所未有的致命瘟疫，它被称为黑死病（即鼠疫）。黑死病既给人们带来恐慌，也促使人们反省：连上帝都不能依靠了，只能依靠人自己了。

（2）思考：

① 根据以上材料，概括文艺复兴产生的背景。

② 学生发言之后，由老师点评归纳并简要板书，解决"文艺复兴运动兴起于意大利的背景原因"相关问题。

（3）点拨提升

由于欧洲特别是意大利地区工商业的发展，资本主义萌芽，资产阶级不断批判教会神学思想，新时代的曙光逐渐显现于欧洲大地。

（4）知识引申

文艺复兴运动是指14世纪中期兴起于意大利地区的一场反对教会"神权至上"和提倡人文主义的新文化运动，文艺复兴运动实质是反映欧洲新兴资产阶级要求的思想解放运动，其核心是人文主义。

2."群星璀璨"

（1）人物画像欣赏：课件展示文艺复兴时期几个代表人物的画像，学生感性记忆相关代表人物名字。

图3-2-14

（2）回答相关问题：学生首先要说出"文学三杰""艺术三杰"，继而说出但丁、达·芬奇和莎士比亚三个代表人物的作品并说出他们分别是文学家还是艺术家。

（3）归纳板书：三个代表人物身份及作品。

（4）材料分析：课件展示资料，学生解读材料并讨论回答相关问题。在解读材料过程中，学生了解文艺复兴人物代表的思想内涵和主张，并且进一步理解这些思想对人思想解放的意义。

材料研读：

人生本来不是为了像野兽一般活着，而是为了追求美德和知识……克服惰性，因为坐在绒垫上或者睡在被窝里，是不会成名的……

——但丁《神曲》

我不想变成上帝，或者居住在永恒中，或者把天地报在怀抱里。属于人的那种光荣对我就够了。这是我所祈求的一切。我是凡人，我只要求凡人的幸福。

——彼特拉克

（5）点拨提升：在众多文学及艺术学家的作品的长期影响下，西欧各地人民的新思想逐步形成，教会神学思想不断受到批判，社会不断发展进步。

3. "万丈光芒"

材料解读：展示材料，学生研读材料并回答相关问题，解决"文艺复兴运动产生的深远影响"相关问题。

（1）材料研读：

文艺复兴对于整个中世纪的神权……的精神统治，都是一次强力反动。……一些先进的意大利人深刻的感悟到了人的伟大，并由对人的能力的充分肯定发展到"个人的完美化"——即个人的充分发展的有意识的追求。……文艺复兴时代理论家们同时做起了实干家，思辨与实验、理论与实际开始，也正是这种结合敲开了科学革命的大门。

——马克垚《世界文明史》

（2）学生回答问题之后，老师点评归纳并板书。

（3）点拨提升：在文艺复兴运动的影响下，新的社会力量不断冲击西欧封建神权，解放人的思想，促进资本主义经济发展，并且推动文化、艺术、科学、教育等各方面的发展，推动欧洲社会进步和社会转型。新时代光芒照耀欧洲大地。

设计意图：通过以上三个教学环节，解决教学重点和难点，学生有讨论探究活动有发言汇报活动，突出学生的主体地位，记忆理解相关知识，能力素养得到提高。

（三）评价反馈，总结提升

（1）及时记忆：学生看板书要点当堂记忆知识并接受老师的背诵提问。

（2）表扬先进：对课堂教学中表现积极的小组及个人进行表扬并给予加分。

设计意图：学生要看板书不断加强记忆重点知识，抽查学生记忆知识的情况，了解学生习所得，为后面正确解决其他问题打下基础。

（四）学以致用，知行融合

（1）当堂练习：课件展示三道选择题目和一道材料分析题目。

（2）老师点评：学生个别回答后，老师对解题思维及技术作必要点评。

设计意图：当堂练习题题目量不宜过多，只要有代表性即可，注重点评和分析，培养学生思维方法。

（五）作业设计

1. 必做题

（作业本）

（1）写出文艺复兴运动的实质及核心思想。

（2）写出但丁、达·芬奇和英国的莎士比亚三个代表人物的作品。

2. 选做题

辅导练习册相关习题。

【板书设计】

文艺复兴运动

一、原因背景

（1. 资本主义萌芽；2. 教会神学束缚人的思想；3. 意大利的文化底蕴）

二、代表人物及作品

（但丁《神曲》；达·芬奇《蒙娜丽莎》《最后的晚餐》；莎士比亚《哈姆雷特》《罗密欧与朱丽叶》）

三、影响

（1. 冲击教会神学；2. 促进思想解放；3. 促进资本主义发展；4. 社会转型）

（本课设计者：阳山县黄埔学校　陈锐锋）

地理学科教学案例：《海洋与陆地的变迁》教学设计

【教材分析】

《海洋与陆地的变迁》选自粤人版地理七年级上册第三章第二节，是第一节《陆地与海洋的分布》的延续和深化。本节课包括海陆变化、板块运动的认识。教材以阅读材料引出海陆变迁现象和板块运动理论，通过活动引导学生探究板块运动与地球海陆变化的关系。

【学情分析】

根据七年级学生年龄和心理的发育还不成熟，缺乏理性思维过渡，对资料的分析尚不够深入，不能主动透彻地分析和总结现有的资料，但好奇心强的特点，采取各种手段激发学生的问题意识，从学生的学习动机和态度上着手，给学生留出独立思考、自主学习和创造的时间和空间，突出学生学习方式的转变。在课堂教学中多引用资料、图片、动画，结合运用多媒体课件，视频等发展学生的思维能力。

【教学目标】

1. 举例说明地球表面海洋和陆地处于不断运动和变化之中。
2. 了解"大陆漂移假说"的证据和"大陆漂移假说"的根本内容。
3. 理解"板块构造学说"的基本观点。
4. 掌握全球各板块的名称、分布以及板块运动的形式。

【教学重难点】

1. 教学重点

（1）地球表面海洋和陆地的变迁。

（2）"大陆漂移假说""板块构造学说"的基本要点。

2.教学难点

板块相对运动形成的地表形态。

【教学方法】

创设情境法、自主学习法、合作探究法、小组讨论法、多媒体辅助教学。

【教学过程】

（一）检查导学，反馈预习

（1）组长检查导学案的完成情况，各组员互相对照答案，对答案不统一的题目进行讨论。

（2）组员用红笔在导学案上标注自己通过预习仍存在问题的地方。

设计意图：有利于引导学生自主学习，有效地预习教学内容，为课堂学习知识奠定基础，提高课堂效率。

（二）创设情境，激趣导入

（1）播放《冰川时代》视频，激起学生学习兴趣。

（2）引出课题，展示学习目标，学生齐读。

设计意图：视频导入，激发学生的学习兴趣，把学生注意力投入课堂学习中，并让学生明确本节课所学内容。

（三）合作探究，分享交流

1.海陆变迁的原因

（1）PPT展示"沧海桑田"的成语典故内容，说明海陆变迁的传说，引发学生思考：典故毕竟只是典故，现实中有没有真实的例子可以证明海陆真的会发生变迁？

PPT展示："喜马拉雅山的海洋化石""我国东部海底的古河流遗迹"，"荷兰的围海造陆"三组图片，通过读图分析引导学生分别思考以下问题：

（1）为什么在喜马拉雅山上会出现海洋里生物的化石？

（2）为什么在我国东部海底会出现古河流及水井等人类活动的遗迹？

（3）荷兰的围海造陆说明什么问题？

在学生回答的基础上，教师总结：喜马拉雅山发现海洋生物化石是由于地壳的变动（地壳上升）；我国东部海底出现人类活动遗迹是由于海平面的上升；荷兰的围海造陆说明人类活动也会引起海陆的变化。

（2）归纳海陆变迁的原因有哪些方面？

学生归纳：①地壳运动，②海平面升降，③人类活动。

设计意图： 让学生观看资料，利用教材中的资料分析，让学生由被动学习变为主动学习，培养学生自学、观察思考、自主归纳等能力。

2. 大陆漂移假说

过渡：人类是不是在古代就能很肯定的知道海陆会发生变迁？引出"大陆漂移假说"内容。

（1）介绍德国地理学家魏格纳提出"大陆漂移假说"的背景。

（2）魏格纳找了什么证据证实自己的假说。

① 大西洋两岸轮廓的吻合。

提问：是否轮廓的吻合就足以证明两块大陆曾经连在一起？

活动：师生演示实验"报纸拼合"活动，学生边做边观察。老师提问：从两种报纸拼合图的情况来看，你能得出什么结论？证实轮廓的吻合还不能很好的证实两块的大陆曾经连在一起。

所以魏格纳又锲而不舍的寻找新的证据。

② 展示大西洋两岸动物的相似性的图片。

③ 播放大西洋两岸大陆古老地层的对应性的动画

通过对古今地球变化证据的筛选、说明，使学生掌握并会运用"大陆漂移假说"解释一些现象。

提出思考：从魏格纳提出大陆漂移说并加以证实的故事中，你得到了什么样的启示？

设计意图： 教育学生要有注意观察、大胆假设、实事求是、注重证据的科学方法的科学态度，更要对科学有浓厚的兴趣，知道人类对大自然的认识是在不断发展变化的。

3. 板块构造学说

过渡：为什么大陆能够漂移？是什么推动它漂移的呢？引出下一个知识点——板块构造学说：大陆漂移是由板块运动引起的，板块处在不断的运动中。

（1）活动一：引导学生读图"七大板块示意图"，让学生读图指出地球表层的岩石圈主要由哪些板块组成的。

让学生读板块运动示意图，提问：板块的运动形式有几种？

① 碰撞挤压运动　② 张裂运动

然后动画演示：碰撞挤压运动和张裂运动，分别形成了什么形态？

（2）学生比较奥人版七年级上册第三章第二节"七大板块示意图"和第37页"世界地形图"小组合作讨论探究：

① 找出喜马拉雅山、落基山脉、安第斯山脉等，说出它们位于哪些板块的交界处，讨论它们形成的原因。

② 学生读图：在图上找出地中海和红海。有人说，将来有一天地中海会消失，红海将成为新的大洋。你同意这种说法吗？为什么？

学生小组讨论探究，说说理由。

为什么地中海会不断缩小，消失？

红海为什么在不断扩张，将形成新的海洋？

设计意图：①知识点的自然过渡，激发学生的学习积极性，活跃课堂，同时故设悬念，培养学生动脑的能力。②通过讨论、争论、培养学生发散思维能力；体现自主学习，合作学习，探究学习的教学模式。③通过活动，能够运用板块理论解释山脉、海洋的形成。

（四）评价反思，总结提升

通过本节课的学习，你们都掌握了哪些知识？对海陆变迁又有了什么新的认识吗？我们以后在对待科学的探索、对待大自然的探索，我们应该抱着什么样的态度呢？

设计意图：教师结合板书设计，引导学生自主进行归纳总结本课知识，使学生知识系统化。

（五）当堂训练，知行融合

1. 我国喜马拉雅山脉地区有大量古老的海洋生物化石，它能证明（　　　）

A. 海洋上升变成陆地　　　　　　B. 陆地下降变成海洋

C. 大陆漂移假说　　　　　　　　D. 板块构造学

2. 造成地球表面海陆变迁的主要原因是（　　　）

A. 人类的生产活动　　　　　　　B. 全球气候变暖

C. 大量的水土流失　　　　　　　D. 地壳的变动和海平面的升降

3. 不属于板块学说中的七大板块的是（　　　）

A. 太平洋板块　　B. 大西洋板块　　C. 南极洲板块　　D. 美洲板块

4. 下列观点中，不属于板块构造学说观点的是（　　　）

A. 全球大致划分为七大板块

B. 各板块处于不断运动之中

C. 地球表面的海陆分布是固定不变的

D. 板块内部地壳比较稳定，板块交界地带地壳比较活跃

设计意图：学以致用，提高学生对本节课的基础知识和基本技能的掌握和应用，以达到巩固课堂知识的效果。

（六）作业设计

1. 必做题

同步导学P36—37课堂基础过关训练。

2. 选做题

同步导学P37—38课后能力提升。

设计意图：帮助学生复习、巩固、延伸课堂所学知识，提升学生综合能力。

【板书设计】

海洋与陆地的变迁

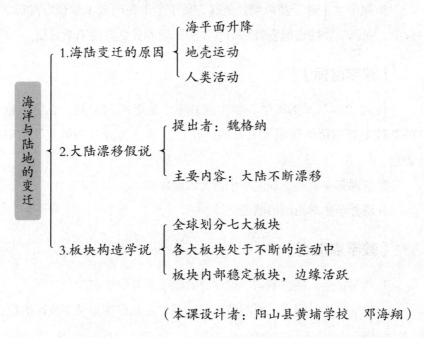

（本课设计者：阳山县黄埔学校　邓海翔）

音乐学科教学案例：《五月的鲜花》教学设计

【教材分析】

1.《五月的鲜花》是花城版七年级上册第三单元《脍炙人口的歌（之一）》中的作品，此作品是阎述诗创作的一首抗战歌曲，由光未然填词，原为光未然于武汉所作独幕话剧《啊银姑娘》的序曲，1959年作曲家瞿希贤把《五月的鲜花》选作故事片《青春之歌》的插曲。

2. 这是一首典型的大调式歌曲，原曲四段歌词，教材中所选的是第一和第四段。

【学情分析】

1. 七年级学生的整体认知能力有所提升，在情感认知上会有一定的理解。

2. 初中生正处于变声期，所以，要求学生在原来小学音乐课唱歌习惯的基础上，强调唱歌的正确姿势和用气方法，培养其良好的唱歌习惯。

【教学目标】

1. 通过本节课的教学，学生能基本掌握歌唱的演唱。在熟悉歌词、旋律的基础上有感情的演唱《五月的鲜花》。体会《五月的鲜花》演唱时的情感表达。

2. 掌握基本节奏，加上小乐器为歌曲伴奏。

3. 培养学生对祖国的热爱之情。

【教学重难点】

1. 教学重点：熟悉歌词、旋律，教唱《五月的鲜花》。

2. 教学难点：附点、弱起节奏和大调式是此歌曲也是本节课的难点。

【教学方法】

1. 体验性音乐教学方法（音乐欣赏）。
2. 实践性音乐教学方法（演唱歌曲、创作）。

【教学过程】

（一）检查导学，反馈预习

检查上节课教师布置的课后作业：查找并自学一首关于阎述诗老师创作的关于抗战爱国歌曲。

设计意图：通过学生自主查找歌曲，对本节课的作品《五月的鲜花》有了初步的了解，熟悉阎述诗老师的歌曲风格（激情昂扬、充满爱国情怀），从而为打开本节课的教学之门奠定一定的基础。

（二）创设情境，激趣导入

利用五四青年运动学生起义的视频导入，到了激情片段，教师加入歌词的朗诵。

设计意图：利用五四青年运动学生起义的视频燃气学生爱国情怀，再加入教师的歌词朗诵，可以另到学生对《五月的鲜花》的歌词有初步的认知。有效地调动了学生的主观能动性，尤其是朗读活动中，感悟歌词中蕴藏的丰富的爱国情怀。

（三）合作探究，分享交流

（1）初步认知，带着问题聆听歌曲。

（2）学唱歌曲。

① 跟随教师的钢琴伴奏进行初次学唱。

② 跟随范唱唱歌词。

③ 加上歌词跟随教师的钢琴伴奏学唱。

④ 跟随音乐伴奏演唱。

（3）解决难点。

① 出示简谱，利用分解的方式教会学生附点节奏的掌握。

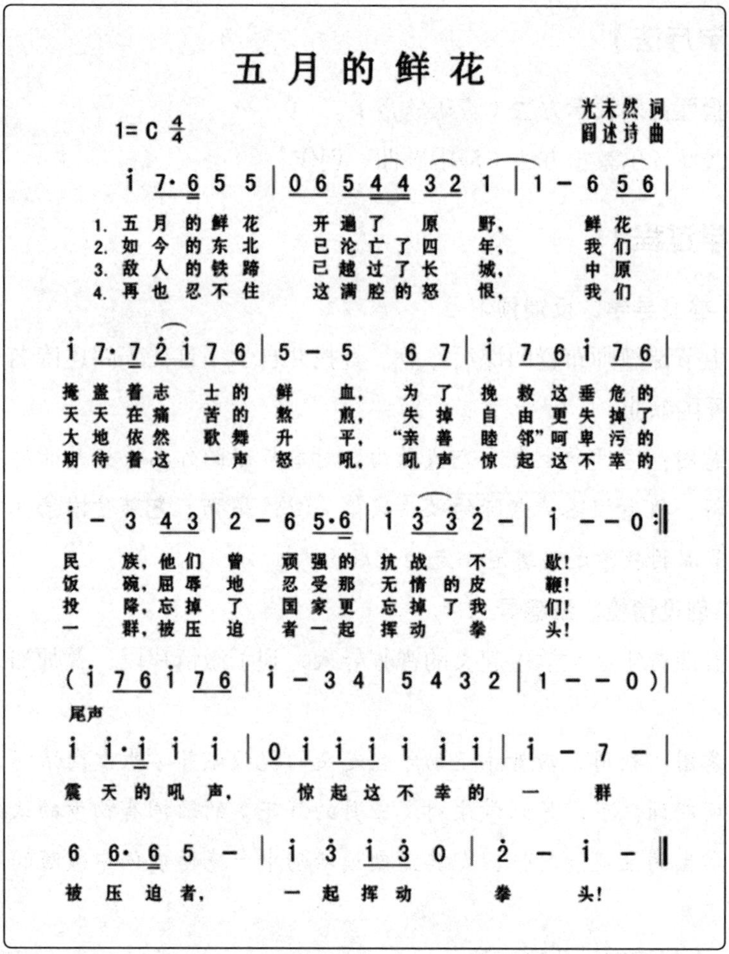

五月的鲜花

光未然 词
阎述诗 曲

1=C 4/4

1 7·6 5 5 | 0 6 5 4 4 3 2 | 1 | 1 - 6 5 6 |

1. 五月的鲜花 　开遍了原野， 鲜花们
2. 如今的东北 　已沦亡了四年， 我们
3. 敌人的铁蹄 　已越过了长城， 中原
4. 再也忍不住 　这满腔的怒恨， 我们

1 7·7 2 1 7 6 | 5 - 5 | 6 7 | 1 7 6 1 7 6 |

掩盖着志士的鲜血， 为了挽救这垂危的
天天在痛苦的熬煎， 失掉自由更失掉了
大地依然歌舞升平， "亲善睦邻"呵卑污的
期待着这一声怒吼， 吼声惊起这不幸的

1 - 3 4 3 | 2 - 6 5·6 | 1 3 3 2 - | 1 - - 0 :‖

民　族，他们曾顽强的抗战不 歇！
饭　碗，屈辱地忍受那无情的皮 鞭！
投　降，忘掉了国家更忘掉了我 们！
一　群，被压迫者一起挥动拳 头！

(1 7 6 1 7 6 | 1 - 3 4 | 5 4 3 2 | 1 - - 0)

尾声

1 1·1 1 1 | 0 1 1 1 1 1 1 | 1 - 7 - |

震天的吼声， 惊起这不幸的 一 群

6 6·6 5 - | 1 3 1 3 0 | 2 - 1 - ‖

被压迫者， 一起挥动 拳 头！

图3-2-15

②出示简谱，利用击打基本拍解决弱起节奏。

③排列音阶，找出全音和半音，根据大调式结构，让学生掌握大调式的知识。

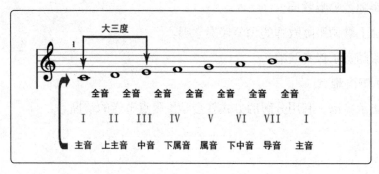

图3-2-16

132

（4）视学生掌握情况反复教唱，注意强调要击打基本拍和有感情的演唱。

设计意图：通过聆听歌曲、学唱歌曲，让学生感受音乐给我们带来的情绪，从而激发学生爱国情怀。通过展示简谱和音阶排练，让学生直观感受附点节奏和弱起节奏的演唱方法，并清楚大调式的结构。帮助学生解决在演唱过程中遇到的困难。

（四）评价反思，总结提升

利用评价表，让学生自主打分，考查学生在本节课上：对歌曲的演唱熟悉程度的掌握；对附点节奏和弱起节奏的理解和运用；是否掌握了大调式的基本结构；通过学唱这首歌曲，你感受到作者想要表达什么思想情况，你悟到了什么？

表3-2-9

评价内容	评价方式			评价等级		
	自评	小组评价	教师评价			
1.对歌曲的演唱熟悉程度的掌握。				A准确	B比较准确	C有待提高
2.对附点节奏和弱起节奏的理解和运用。				A能理解并熟悉运用	B一般理解	C有待提高
3.是否掌握了大调式的基本结构。				A熟悉掌握	B一般掌握	C有待提高
4.通过学唱这首歌曲，你感受到作者想要表达什么思想情况，你悟到了什么？				A深沉的爱国情感和对民族英雄	B"九一八"事变后东北人民在日寇铁蹄下的挣扎	C激励人们不忘历史，珍惜和平，继续为民族的复兴而努力

设计意图：通过评价表，可以让教师了解学生对本节课知识点的掌握情况，从而优化本单元的教学设计。

（五）当堂训练，知行融合

（1）跟伴奏演唱歌曲。

（2）结合课题：简易乐器在山区音乐教学中运用的实践研究，运用自制沙锤、碰铃、双响筒等乐器进行为歌曲伴奏，训练学生对歌曲节奏的掌握。

设计意图：学以致用，通过跟音频伴奏演唱歌曲，让学生能正确掌握整首歌曲的演唱方法，通过乐器的加入，提升学生演唱兴趣，从而使得学生歌曲的节奏把握得更精准。

（六）作业设计

1. 必做题

能独立完成《五月的鲜花》歌曲的演唱。

2. 选做题

寻找类似的爱国歌曲并自学。

设计意图：让学生独立完成一首歌曲的演唱，从而培养学生在初中学业水平考试的最后一题演唱题中能根据音频完成试题的能力。

（本课设计者：阳山县黄埔学校　吴得明）

美术学科教学案例：《藏书票》教学设计

【教材分析】

1. 教材来源：2013年北师大版义务教育教科书数学八年级下册第六课《藏书票》。

2. 地位与作用：本课属于"设计·应用"学习领域。要求学生了解藏书票的艺术特征和制作方法，通过动手实践，学习创作藏书票，体验制作藏书票的乐趣。从而提高学生的文化修养和艺术素养，使学生从藏书票的实用和审美双重功能中感受美术的社会价值。

【学情分析】

八年级学生具有较强的自主学习、合作学习的能力，能在教师的引导下选择适当的手段和方法表达自己的学习体会。在前面《单色版画》和《一版多色版画》两课的学习基础上，学生已经了解了版画的艺术特征，掌握了版画制作的方法。学生有良好的阅读习惯，对书籍有特殊的情感。《藏书票》对他们来说还是很陌生的一种艺术门类，但学生对书籍再熟悉不过了，对艺术形式的陌生和对书籍的热爱，更能激起学生的好奇心和学习的主动性。

【教学目标】

1. 了解藏书票的有关知识和艺术特征；学习设计藏书票，为自己喜欢的图书设计制作一枚藏书票。

2. 通过欣赏、解析名家作品，了解藏书票的艺术特征和制作方法。

3. 在藏书票的创作、设计过程中体会艺术创作的快乐。

4. 学习制作藏书票，提高审美能力，促进学生养成爱书、读书、珍书的好习惯，提高学生的文化修养和艺术气息。

【教学重难点】

1. 教学重点：了解藏书票的有关知识和技术特征；学习设计藏书票，为自己喜欢的图书设计制作一枚藏书票。

2. 教学难点：设计制作有创意、有个性、有趣味的藏书票。

【教学方法】

1. 教法：讲授法、提问法、情境法。

2. 学法：小组讨论、直观感受法、实践练习法等。

【教学过程】

（一）创设情境，激趣导入

师：同学们喜欢看书吗？

生：喜欢。

师：你们是如何给自己的书进行标注的呢？

生：学生A：写名字。学生B：贴标签。

师：读书是我们学习的重要组成部分，老师也喜欢读书，老师也带了自己喜爱的书，翻开封皮，瞧，我在书上做了怎样的记号？你们知道这是什么吗？

生：藏书票

教师展示实物——藏书票，引入课题（板书：藏书票）。

设计意图：利用实物来引入，给学生直观感受，激发学生的学习兴趣。

（二）教师引导，欣赏藏书票

1. 什么是藏书票

（1）认识藏书票

师：什么是藏书票呢？请同学们带着问题看视频。

藏书票是连接书籍与读书人的纽带，为读书、爱书、藏书者所使用、喜爱和收藏。看视频同时看看这两个问题，带着问题去观看。

播放视频介绍什么是藏书票。

（2）了解藏书票

师：观看了视频同学们对藏书票有了一定的认识。藏书票是连接书籍与读书人的纽带，为读书爱书人所使用收藏。被喻为"版画珍珠""纸上宝石"，可见藏书票是微型版画，非常精致，那你知道它的规格吗？

生：大小不超过17厘米，常见规格为5厘米—12厘米。

师：那你知道藏书票的构成有哪些元素吗？仔细观察藏书票，看一看它是由哪几部分构成的？（PPT展示例图）

生：图形、字母、藏书票签名。

师：是的，藏书票图文并茂，充满人文与艺术气息，体现了藏书票者的艺术口味。它由主图形，文字拉丁文，签名组成。

师：藏书票如此精美，在创作时，它的主图案可以选择什么题材来表现呢？

师：设计一枚藏书票，要怎样合理安排图形和文字呢？

试分析大师的作品，分别有哪些图文样式？（PPT展示例图）

图3-2-17

生：图文环绕，图文结合，图文居中。

设计意图：通过播放介绍藏书票的视频、图片，引导学生在视频中找到相关信息。通过问题串的引导，进一步观察探究藏书票的规格、创作主图案内容题材及藏书票常用的设计样式。

2. 欣赏藏书票

师：藏书票的题材有哪些？（PPT出示藏书票作品）

生：静物、风景、动物。

师：藏书票的题材可谓方寸之间容大千世界，如植物、风景、动物、人物等。可以反映与书籍的装帧风格或与之相关联的内容，也可以反映藏书者的兴趣爱好，方寸之间传达深刻内涵。

师：这些藏书票的图文样式是？

藏书票的设计样式：图文合一、图文居中、图文环绕。

师：了解了那么多关于藏书票的知识。那你知道，我们设计主图案时可以根据个人喜好去设计。还可以根据书本的内容相关联进行设计。

3. 合作探究，小组讨论

藏书票表现内容丰富，方寸之间小中见大，构思巧妙独具匠心，充满着生活情趣。下面我们一起欣赏名家藏书票《风车》《冬雪》《鱼》，分析藏书票的内容，感受藏书票的内涵。

小组讨论：

① 请你用自己的语言说说这些藏书票给你的感受是？

② 你认为《风车》《冬雪》《鱼》藏书票适用于哪类书籍？

学生活动：学生根据问题回答。

师：同学们分析得真到位。是的，藏书票虽小但却有深刻的寓意，好像在与读书人对话，诉说着感情。

设计意图：引导学生从藏书票的内容（寓意）、内涵、版画的效果进行欣赏，并根据提示问题进行小组讨论。

4. 学做藏书票

师：学习到这里，同学们对藏书票的认识更深刻了，你知道制作藏书票需要哪些步骤吗？请同学们观察老师的示范，要留意老师提醒的问题。

播放示范视频，观赏藏书票的制作过程：

第一步：画稿。用铅笔轻轻地在吹塑纸板上画出想要的图形和文字，设计构思新颖，图案简洁，多用块面对比，文字要反着写。

第二步：制版。在原有的画稿上加大铅笔的使用力度，注意细节，把握好刻画的深度，层次等。如需要呈现大块面的白色，可加大用笔力度使吹塑纸板形成稍深的凹痕

第三步：印稿。先把笔刷上的颜料调均匀，再进行上色，注意颜色要涂均匀，再用素描纸对齐盖上，用手掌轻轻按压让颜料均匀吸附在纸上即可。

第四步：签名。把拓印好的作品用铅笔在作品下方从左到右分别写出版画类别如吹塑纸版画，藏书票的人名，时间，作品即完成。

师：看了视频同学们是不是很想要大展身手了呢？先别急，先看这位同学的作品，是不是有些问题呢？请同学们擦亮双眼找找看？（PPT出示藏书票作品）

学生活动：赏析学生作品，分析制作出现问题的原因，并说出解决方法。

设计意图：学生通过示范明确藏书票制作步骤，通过分析学生作品，找到问题并分析原因，为接下来的实践创作做好铺垫。

（三）课堂实践、学以致用

师：你们太厉害了，欣赏了这么多精美的藏书票，你们也一定想为自己喜欢的书籍，设计制作一枚藏书票，现在就开始创作吧。时间为20分钟，完成的作品请贴在展览板上。

要求：构思新颖、制作精美规范。

（1）写上藏书票的标志——EXLIBRIS（画稿要反着写）。

（2）图案可选用动物、风景、花鸟等。

（3）构思新颖，图案简洁，加强块面（黑白）对比，具有美感。

（四）展示与评价

师：请同学们把自己制作好的藏书票展示给大家欣赏，并说说你的创作意图。你最欣赏谁的藏书票？请说说理由。

（1）自评：我的藏书票是以（　　　）题材设计的，我用了（　　　）图案组成，采用了（　　　）图文版式创作。设计它是的寓意是（　　　）。

（2）互评：我喜欢（　　　）同学的藏书票，他的藏书票运用了（　　　）题材和（　　　）图案设计，画面有（　　　）美感，让我感受到（　　　）。

设计意图：学生自评互评以及师评，对学生作品根据题材、样式、寓意等方面进行欣赏评价，培养学生的语言表达分析能力。

（五）总结提升

我们今天学习了藏书票的知识并制作了一枚藏书票，课后同学们可以尝试用其他材料进行创作。我们学习的藏书票还可以为家人、好朋友设计一枚藏书票。希望同学们今后读好书，爱读书，也可创作更好的藏书票来丰富自己的人生，看一本书——受教育，品一枚藏书票——得灵性。同学们，愿你们与票为友，与书相伴。

【板书设计】

藏书票

一、藏书票的构成

　　字母：EXLIBRIS

　　图案

　　签名

二、制作藏书票的步骤：画稿、制版、印稿、签名

（本课设计者：阳山县黄埔学校　邹银好）

第三节　太平中学"三段四环"敏行课堂案例

语文学科教学案例：《梦回繁华》教学设计

【教材分析】

《梦回繁华》是人教版语文八年级上册第五单元的文章。在单元安排中，本篇文章属于自读文章。本单元是初中课本中说明文的起始单元，通过学习，学生了解我国人民在艺术方面的卓成就，感受前人的智慧与创造力：把握好说明对象的特征，了解文中运用的恰当的说明方法，体会说明文语言的严谨、准确的特点。本文选自《中外绘画名作八十讲》，本文有所改动，以便更适合中学生的阅读学习。这是一篇文艺性说明文，介绍了我国宋代著名画家张择端创作的画作《清明上河图》，作者毛宁利用逻辑顺序从画作的创作背景、画作作者及其创作动机、画作的主要内容、艺术特点及社会价值等方面进行说明，语言典雅而富有韵味，使这篇说明文既具有科学性又富有文学色彩。作为一篇文艺性说明文，文中大量运用四字短语和优美典雅的语言，保留了说明文的严谨准确的语言风格，语义生动有趣，典雅而富有韵味。学习本课，要赏读画作细节，品味文艺性说明文典雅而富有韵味的语言，鉴赏说明方法时，深入体会画作作者、本文作者的情感，增强学生热爱中华文明的责任感和自豪感。

【学情分析】

本课为八年级上册说明文单元的最后一课，学生对这种文体的特点已有初步了解，也积了一定的阅读学习方法，这对于学生了解《清明上河图》，巩固学习说明文有着非重要的意义。但本文写实性很强，专业术语和生字词较多，学生在把握文章内容、品味语言特点、体会作者情感等方面带来了一定的难度。因此，教师引导学生品读关键句段，多思考体会（不足之处及解决策略）。学生是学习的主体，教师应让学生与文本进行充分的对话，通过自读、自悟读懂课文。在教学中，教师应让学生充分地读书，通过入情入境地朗读，让学生理解课文内容，体会文章情感，领悟作者的说明方法。

【学习目标】

1. 学习课文，了解《清明上河图》在绘画史上的重要地位。

2. 熟读课文，掌握作者条理清晰地介绍画作的说明方法，揣摩作者准确而富有概括力的说明语言。

3. 品位作者精彩说明语言的运用，增强学生热爱中华文明的责任感和自豪感。

【学习重难点】

1. 了解课文主要内容，厘清文章的结构层次。

2. 学习本文围绕说明对象的特征，条理分明，细腻具体介绍《清明上河图》的写法。

3. 揣摩本文说明语言的特点，领略这一国宝级画作的美，培养学生鉴赏美和审美的能力。

【教学过程】

（一）导入新课

有一件享誉古今中外的传世杰作。在问世以后的800多年里，曾被无数收藏家和鉴赏家把玩欣赏，是后世帝王权贵巧取豪夺的目标，它曾辗转飘零，几经战火，历尽劫难……它曾五次进入宫廷，四次被盗出宫，演绎出了许多传奇故事，它是我国绘画史上的无价之宝，同学们知道这幅画是什么吗？

宋徽宗题名《清明上河图》是什么意思？

宋徽宗的题名来自《后汉书·班彪传》，"清明之世"指东汉光武帝年间。当时经过西汉末年的衰落和绿林、赤眉的战乱后，社会逐渐安定，生产恢复，各方面生机勃勃。所以宋徽宗把自己治下的汴京比作光武中兴、太平盛世，那是他在自我表扬。

（二）预习检测

1. 读准字音

汴梁（biàn） 田畴（chóu） 沉檀（tán） 遒劲（qiú jìng） 枋（fāng）

春寒料峭（qiào） 长途跋涉（bá shè） 舳舻（zhú lú）

摩肩接踵（zhǒng） 络绎不绝（luò yì）

2. 词语注释

内忧外患：指国内的变乱和外来的祸患，也指内部的纠纷和外部的压力。

春寒料峭：形容初春的寒冷。

长途跋涉：形容路途遥远，行路辛苦。

络绎不绝：形容人、车、马、船，往来不断。

摩肩接踵：肩并肩，脚碰脚。形容人很多，很拥挤。

（三）厘清层次结构

课文可分三部分：

（1）由宋朝城市的发展繁荣，引出说明对象《清明上河图》。

（2）介绍张择端生平，并引出画作的背景，呼应题目——《梦回繁华》。

（3）具体介绍说明《清明上河图》的特点、内容、艺术特色和地位。

（四）合作探究

（1）本文围绕《清明上河图》，介绍了哪些方面的内容？

（2）课文是怎样围绕"繁华"来说明清明上河图的？

（3）文中用了哪些说明方法，并找出相应的例句。

（4）本文的说明顺序怎样的？

① 本文围绕《清明上河图》，介绍了哪些方面的内容？介绍这幅图的历史背景，画的作者，画卷的纵横，作品描绘的内容，画卷特点及历史价值等。

② 课文是怎样围绕"繁华"来说明《清明上河图》的？

首先，介绍城市经济的繁荣。其次，介绍张择端绘画技艺的繁华和南宋人梦想的繁华。最后，详写了《清明上河图》反映内容和创作技法的繁荣。

（5）文中用了哪些说明方法，并找出相应的例句。

举例子：张择端的《清明上河图》便是北宋风俗画作品中最具有代表性的一幅。

列数字：纵25.5厘米，横525厘米。

作引用：后习绘画。

摹状貌：船夫们呼唤叫喊，握篙盘索；桥上呼应相接，岸边挥臂助阵。

打比方：结构精美，宛如飞虹。

（6）本文的说明顺序怎样的？

（7）就全文而言，使用的是逻辑顺序，从画作的时代背景、作者情况写起，进而详细说明画作本身，最后介绍画作的艺术和历史价值，按照"内涵—内容—价值"的思路展开，清晰而全面，重点突出。

第4段介绍说明画作内容时，主要采用的是空间顺序。其中"画面开卷处""画面中段""画卷后段"将画作切分成三个部分，然后按照从前到后的空间方位依次说明。

（五）品味语言

再读课文，体会本文的语言有什么特色？

本文的语言既平实准确又典雅生动。比如：①"张择端画的《清明上河图》绢本，设色，纵25.5厘米，横525厘米"——此句属于平实说明，通过数字具体准确地介绍了画卷的纵、横。

②"整个长卷犹如一部乐章……留下无尽的回味。"语言典雅生动，运用打比方，把画卷比作乐章，形象地表明了画卷疏密相间，错落有致的特点。

③"疏林薄雾""农舍田畴""春寒料峭""摩肩接踵""络绎不绝"。大量的四字短语，不仅概括力强，还使文章的语言典雅、富有韵味。

（六）课堂小结

课文以《梦回繁华》为题，介绍了《清明上河图》这一国宝级画作，描摹北宋时期繁华的市井风情，丰富了学生对当时社会风貌的了解，激发了学生对古代生活丰富的想象，这幅长卷人物繁多，场景复杂，但作者把它介绍得条理分明，细腻具体，真是难能可贵，值得我们借鉴学习。

（七）反馈检测

1. 下列句子加点词语使用不恰当的一项是（B）

A. 星期天，街上行人摩肩接踵，热闹极了。

B. 经过半个小时的长途跋涉，我们终于到达了目的地——习家池。

C. 那是一个阴冷的漆黑之夜。春寒料峭，风雨凄凄。

D. 在展出的各幅画前无不人头攒动，尤其是张择端的《清明上河图》前，观看的人更是络绎不绝。

2.写出下列句子的说明方法。

（1）张择端画的《清明上河图》绢本、设色，纵25.5厘米，横525厘米。（列数字）

（2）整个长卷犹如一部乐章。（比喻）

（3）画面细节的刻画也十分真实，如桥梁的结构，车马的样式……（举例子）

3.下列句子中的加点词语能否去掉，为什么？

（1）画中所描绘的景物，与文献中有关汴梁的记载基本一致。

答：不能去掉，"基本"表程度上的限定，是画中所描绘的景物，与文献中有关汴梁的记载大体一致，并不完全相同；去掉后，变成完全一致，与事实不符；"基本"一词，体现了说明文语言的准确性。

（2）画面细节的刻画也十分真实。

答：不能去掉，"十分"表程度上的限定，说明画面细节的刻画非常真实；去掉后，语气减弱，与作者的原意不符；"十分"一词，体现了说明文语言的准确性。

（本课设计者：阳山县太平中学　骆春梅）

数学学科教学案例：《用树状图或表格求概率》 教学设计

【学情分析】

七年级时，学生已经学习了不确定事件及其发生可能性的大小，掌握了求一些简单事件的概率的知识，前两个课时我们已经学习了借助于树状图、列表法计算两步随机实验的概率，但是学生对等可能性事件的理解还有待于加强。

【内容分析】

进一步经历用树状图、列表法计算随机实验的概率的过程。

【教学目标】

1. 经历利用树状图和列表法求概率的过程，在活动中进一步发展学生的合作交流意识及反思的习惯。

2. 鼓励学生思维的多样性，提高应用所学知识解决问题的能力。

3. 核心素养：培养学生的运算能力、几何直观、数据观念、应用意识。

【教学重难点】

1. 教学重点：借助于树状图、列表法计算随机事件的概率。

2. 教学难点：在利用树状图或者列表法求概率时，各种情况出现可能性不同时的情况处理。

【教学过程】

（一）课前准备阶段

教师研读教材，明确教学目标，设计合理的教学方案，准备相关的教学资源。学生提前预习，了解课堂教学内容。

（二）课中实施阶段

第一环节：激趣导入——配色欣赏、摸球游戏

活动内容：欣赏"配色小视频""配紫色"摸球游戏。

活动过程：播放两个"配色小视频"，一个是用红色和蓝色颜料搅拌后得到紫色颜料；第二个是用红色和蓝色橡皮泥不断捏合而得到紫色的橡皮泥。"配紫色"摸球游戏是让小助手拿着放有红色、蓝色、白色且同样大小的乒乓球的抽奖箱，让各组学生进行两次摸球，只要摸到红色和蓝色乒乓球即视为可"配紫色"，小组得20分。

设计意图：通过观看"配色小视频"，让学生感知"红色+蓝色"的颜料是能配得紫色颜料的。然后通过"配紫色"摸球游戏，让学生感知根据"配紫色"的现象可以设计出游戏方案，加深了"红+蓝=紫"的认识。

第二环节：自主学习，感受新知

活动1："配紫色"游戏

活动过程：游戏设计：

小颖为学校联欢会设计了一个"配紫色"游戏：下面是两个可以自由转动

的转盘，每个转盘被分成面积相等的几个扇形。游戏者同时转动两个转盘，如果转盘A转出了红色，转盘B转出了蓝色，那么他就赢了，因为红色和蓝色在一起配成了紫色。

（1）利用树状图或列表的方法表示游戏者所有可能出现的结果。

（2）游戏者获胜的概率是多少？

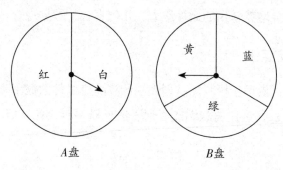

图3-3-1

设计意图：通过这个转转盘"配紫色"游戏，让学生再次经历利用树状图或列表的方法求出概率的过程，体会求概率时必须使每种事件发生的可能性相同这一特点，培养学生应用所学知识解决问题的能力，提高学生分析问题、解决问题的能力。

活动2：合作交流，探求新知

游戏设计：把转盘变成如下图所示的转盘进行"配紫色"游戏。

（1）利用树状图或列表的方法表示游戏者所有可能出现的结果。

（2）游戏者获胜的概率是多少？

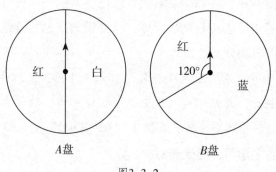

图3-3-2

小颖做法如下图，并据此求出游戏者获胜的概率为 $\dfrac{1}{2}$ 。

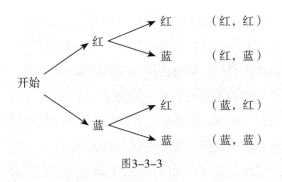

图3-3-3

小亮则先把左边转盘的红色区域等分成2份，分别记作"红色1""红色2"，然后制作了下表，据此求出游戏者获胜的概率也是 $\frac{1}{2}$ 。

你认为谁做得对？说说你的理由。（小组合作交流）

表3-3-1

	红色	蓝色
红色1	（红1，红）	（红1，蓝）
红色2	（红2，红）	（红2，蓝）
蓝色	（蓝，红）	（蓝，蓝）

设计意图：让学生先自己画树状图或者表格表示出所有可能出现的结果，然后通过合作交流观察A盘和活动1游戏转盘的区别并做出正确判断。总结出求一件事情发生的概率必须是所有可能出现的结果都相同。

活动3：变式练习

（1）用如图所示的两个转盘做"配紫色"游戏，每个转盘都被分成三个面积相等的三个扇形。请求出配成紫色的概率是多少？

（2）设计两个转盘做"配紫色"游戏，使游戏者获胜的概率为 $\frac{1}{3}$ 。

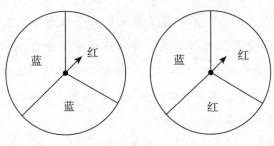

图3-3-4

147

设计意图：通过这两个课堂练习检验学生上课掌握情况，特别是第2个题目有一定难度，在设计时注意指针指向每种颜色的可能性是一样的。

第三环节：巩固拓展——典型例题，应用新知

例：一个盒子中有两个红球，两个白球和一个蓝球，这些球除颜色外其他都相同，从中随机摸出一球，记下颜色后放回，再从中随机摸出一球。

（1）求两次摸到的球的颜色能配成紫色的概率。

分析：把两个红球记为红1、红2；两个白球记为白1、白2。列表格如下。

表3-3-2

	红1	红2	白1	白2	蓝
红1	（红1，红1）	（红1，红2）	（红1，白1）	（红1，白2）	（红1，蓝）
红2	（红2，红1）	（红2，红2）	（红2，白1）	（红2，白2）	（红2，蓝）
白1	（白1，红1）	（白1，红2）	（白1，白1）	（白1，白2）	（白1，蓝）
白2	（白2，红1）	（白2，红2）	（白2，白1）	（白2，白2）	（白2，蓝）
蓝	（蓝，红1）	（蓝，红2）	（蓝，白1）	（蓝，白2）	（蓝，蓝）

总共有25种可能的结果，每种结果出现的可能性相同，能配成紫色的共有4种：

（红1，蓝）（红2，蓝）（蓝，红1）（蓝，红2），

所以P（能配成紫色）$= \dfrac{4}{25}$。

设计意图：通过典型例题分析，进一步让学生体会等可能事件概率的求法，突破了本节课的难点。

（2）在上面的问题中，如果从中随机摸出一个球，记下颜色后不放回，再从中随机摸出一个球，那么两次摸到的球的颜色能配成紫色的概率又是多少？

设计意图：通过此问题，让学生从"有放回"过渡到"不放回"的情景，求概率。

中考链接：（2019·广东）为了解某校九年级全体男生1000米跑步的成绩，随机抽取了部分男生进行测试，并将测试成绩分为A、B、C、D四个等级，甲、乙、丙是A等级中的三名学生。学校决定从这三名学生中随机抽取两名学生，让他们介绍自己体育锻炼的经验。用列表法或画树状图法，求同时抽到甲，乙两名学生的概率。

设计意图：通过此道中考题，让学生了解中考的出题方向和解题方法。

第四环节：课堂小结，回顾新知

（1）利用树状图和列表法求概率时应注意什么？

（2）你还有哪些收获和疑惑？

（三）作业布置，巩固新知

习题3.3第1、2、3题。

（本课设计者：阳山县太平中学 陈成森）

英语学科教学案例：*Unit1 What does she look like?*
教学设计

【教学目标】

1.能听、说、读、写新单词tall，short，young，old，round face，long hair。

2.能听、说、认读What does she look like? She is..../She has...等描述外貌的句型。

3.能正确运用所学单词和句型描述人物外貌特征。

4.培养学生的团队合作能力，激发他们对教师的尊敬。

【教学重难点】

能综合运用所学知识描述人物特征。

【教学准备】

PPT，听力题卡，马克笔，卡纸。

【教学过程】

Step1 Greetings and watch a video.

T：Hello，boys and girls，nice to see you! Are you happy today? Everyday is a new beginning. Today, I have some gifts. Do you want to get it？ Let's have a look.

T：What's this？．（学生观看实物）

S：It's...

T：What color is it?

（学生回答以后，提出问题，根据学生的回答，板书本课重点句型"What color is it？/It's+颜色"。）

T：What other color did you see in the video？ Please write them down on the paper in your group.

S：学生以小组为单位，在纸上写出刚才在微课里听到的单词。

T：Now please show me your paper and put it on the blackboard.

S：学生将组内写好的单词张贴在黑板上相应的位置。教师带着学生梳理黑板上的单词并带读。

Step2 Part A.

T：Today Michael and Kangkang have a new friend. What does he look like？ Can you guess?

S：I guess..../ I think....

T：Now let's listen and choose.

S：Listen carefully and choose the right answer.

Ask some students to the front to check the answer.

T：Now let's watch the video and see what she looks like.

S：Watch the video of Part A.

Listen and repeat Part A，read it in roles.

T：Now boys and girls，do you have any questions about the main sentence？ For example：What color is it？/It's+颜色.

S：Raise some words about the color.（教师根据学生的提问在黑板上梳理出有关颜色的思维导图，如red，yellow，black...）

Step 3 Play a game.

T：Let's play "Angry Birds"．If you say more，you'll get more candies.

S：学生以小组为单位选择描述图片中的人物，说得越多，得分越高。

Step 4 Talk show.

T：Look！There are some colors at school. What is your favorite color?

S：Talk about the favorite color.

T：Today we'll have a "talk show"，you can talk about one of your favorite colors in your group.（教师用PPT提供一些句型供学生参考运用）

S：学生以小组为单位谈论自己喜欢的颜色。

Step 5 Homework.

Write something about your teachers，parents or friends. Send it to my email.

（本课设计者：阳山县太平中学　陈丽华）

化学学科教学案例：《金属的化学性质》教学设计

【指导思想与理论依据】

本节课是科学粤教版化学九年级下册每台六章《金属》的第1课时，以实验探究为主线，让学生通过观察发现问题，提出假设，设计方案，验证假设，总结规律，揭示本质，体验科学探究的过程。同时，通过自主学习、探究学习和合作学习的方式，达到发展思维、提高能力的目的，培养学生实事求是、勇于探究的创造精神。

【教学内容与教材分析】

本课是《金属的化学性质》，主要涉及金属与氧气、金属与酸的反应。通过学习，让学生了解金属的化学性质及其规律，能够解释一些常见的金属的化学反应。

【学情分析】

本课面向九年级学生。学生已经具有一定的化学基础和实验操作能力，同时也具备了一定的观察和分析问题的能力。通过本节课的学习，学生将进一步了解金属的化学性质，掌握金属与氧气、金属与酸反应的规律。

【教学目标】

1. 知识与技能

（1）掌握金属与氧气、金属与酸反应的规律。

（2）能用置换反应解释一些常见的金属的化学反应。

2. 过程与方法

（1）通过教师的组织、引导和点拨，学生进行实验探究从而认识置换反应。

（2）初步学会运用观察、实验等方法获取信息。

3. 情感态度与价值观

（1）通过实验增强学生对化学现象的好奇心和探究欲，激发学习化学的兴趣。

（2）培养学生的合作意识以及勤于思考、勇于实践的精神。

【教学重难点】

1. 教学重点：掌握金属与氧气、金属与酸反应的规律。

2. 教学难点：通过实验探究和小组合作，认识置换反应的本质。

【教学环节设计】

1. 导入新课

展示一些常见的金属及其氧化物的图片和视频，引导学生回忆关于金属及其氧化物的相关知识，为新课学习做好铺垫。

2. 学习新课

通过实验探究的方式，让学生了解金属与氧、金属与酸反应的规律。首先，通过演示实验让学生观察不同金属在氧气中的燃烧现象，记录实验现象；其次，让学生自主设计实验方案，探究不同金属与酸的反应情况；最后，通过小组讨论的方式，总结金属与氧气、金属与酸反应的规律。

3. 巩固练习

通过演示实验和小组合作的方式，让学生掌握金属的化学性质及其规律。同时，让学生运用所学知识解释一些常见的金属化学反应现象。

通过小组讨论的方式，让学生总结本节课所学内容，并布置适当的作业进行巩固练习。

【教学过程】

（一）导入新课

问题情景：黄金饰品中的假货常常鱼目混珠，社会上一些不法分子时常以黄铜冒充黄金进行诈骗。因为黄铜（铜、锌合金）单纯从颜色、外形上看，与黄金极为相似，所以很难区分真、假，现请你设计一个实验方案，鉴别真假黄金。

回答：通过测密度；硬度不同，相互刻画；用火烧（"真金不怕火炼"），变黑的为黄铜，不变色的为黄金……

（二）新课讲授

知识点一：金属与氧气的反应

（1）探究：分别把镁条、铜片、铁丝等用砂纸打磨后在空气中用酒精灯加热，观察实验现象，并按要求完成下表：

表3-3-3

实验	现象	反应的化学方程式
镁条在空气中燃烧		$2Mg+O_2 \xrightarrow{\text{点燃}} 2MgO$
铜丝在空气中燃烧		$2Cu+O_2 \xrightarrow{\text{点燃}} 2CuO$
铁丝在氧气中燃烧		$3Fe+2O_2 \xrightarrow{\text{点燃}} Fe_3O_4$

（2）思考：

① 根据上面的反应，我们可看出金属具有怎样的化学性质？

② 是不是所有的金属都能跟氧气反应呢？如果不是，你能举出一些例子吗？

③ 它们属于什么反应类型？

知识点二：金属与酸的反应

（1）探究：金属与稀盐酸的反应。

表3-3-4

实验	现象	反应的化学方程式
镁与稀盐酸		$Mg+2HCl==MgCl_2+H_2\uparrow$
铁与稀盐酸		$Fe+2HCl==FeCl_2+H_2\uparrow$
锌与稀盐酸		$Zn+2HCl==ZnCl_2+H_2\uparrow$
铜与稀盐酸		$Cu+2Hcl==Cucl_2+H_2\uparrow$

（2）交流讨论：

① 上述实验过程中，为什么金属颗粒大小要基本相同？酸的量及酸的质量分数要相等？

② 上述四种金属中能跟酸反应的有几种？不跟酸反应的有几种？

③ 从反应物和生成物的类别角度分析，这些反应有什么特点？

（3）归纳小结：置换反应

① 定义：一种_____与一种_____反应生成另一种_____和另一种_____的反应。

② 特征：A+BC==AC+B

（3）作业：把稀盐酸换成稀硫酸效果如何？在作业本写出方程式课后交上来。

知识点三：金属与某些金属化合物溶液的反应。

（1）探究：将用砂纸打磨过的铁钉、铝片、铜丝分别浸入硫酸铜、硫酸铜、硫酸铝中，观察实验现象。

表3-3-5

实验	现象	反应的化学方程式
铁钉浸入硫酸铜溶液	铁钉表面出现红色物质 溶液无色变浅绿	$Fe+CuSO_4 == FeSO_4+Cu$
铝片浸入硫酸铜溶液	铝片表面出现红色物质 溶液蓝色变无色	$2Al+3CuSO_4==Al_2(SO_4)_3+3Cu$
铜丝浸入硫酸铝溶液	无明显现象	

（2）交流讨论：

① 为什么要用砂纸打磨铝片？

② 上述能发生反应的化学方程式的特点是什么？它们属于哪种反应类型？

③ 铜丝浸入硫酸铝溶液能反应吗？

（3）知识拓展：

"药金"又称为"愚人金"，实为铜、锌合金（在合金中各种金属仍然保持各自的化学性质不变）。由于"药金"外观与黄金相似，常被不法商贩用来冒充黄金牟取暴利。请你设计实验，证明"药金"戒指是假黄金。

方案一：_____

方案二：_____

（三）课堂小结

通过本节课的学习，你收获了什么？

（本课设计者：阳山县太平中学 唐志明）

生物学科教学案例：《人的生殖和发育》教学设计

【教材分析】

本节课是北师大版生物学八年级上册第十九章《生物的生殖和发育》中第一节第一课时的内容。学习"人的生殖和发育"，这部分内容对学生认识自我、健康地生活具有重要的意义，也为进一步学习人体生长发育、青春期卫生等其他生理知识奠定基础。

【学情分析】

八年级的学生基本适应了新课程标倡导的学习方法，上课时乐于和教师、同学讨论交流问题，探究欲和表现欲增强，对动植物的生殖现象有一定的认识和体会，但对人类的生殖知识是零散的、朦胧的。他们正处在青春期发育的关键时期，尤其是现代的学生由于生活质量的逐步提高，发育成熟比较早，对性的认识充满着神秘感和好奇心，有渴望知道奥秘的愿望，但又羞于启齿，社会上一些宣传媒体的不良东西会对学生产生各种各样的影响，所以对学生进行《人的生殖和发育》的教育非常有必要。

【教学目标】

1. 识别男性和女性生殖系统的基本结构，说明各部分结构的功能。（生命观念、科学思维）

2. 描述人的生殖过程，说出胚胎发育的营养供应方式。（生命观念、科学思维）

3. 通过对生殖系统组成的学习，可以正确认识人的生殖系统并关注生殖健

康。（生命观念、科学思维、态度责任）

【教学重点难点】

1. 教学重点：男性、女性殖系统的结构和功能。
2. 教学难点：新生命的孕育过程。

【教学方法】

讲授与讨论相结合，多媒体辅助性教学。

【教学过程】

（一）复习导入

学生齐读上一节课的3—5个主干知识点，随机抽查两个问题、两个学生；学生展示要求脱稿、大声、清晰；教师给予肯定、鼓励、评价。

学生齐读教辅书的新课"学习目标"，了解新课学习内容。（学生带着目标学习，提高学生学习效率。）

小组长检查本组成员教辅书的"自主学习"并汇报完成情况。教师巡视查看，对小组完成情况给予评价。

（二）创设学习情境

提问：小时候，你们有没有问过父母一个问题："我是从哪里来的？"关于这个问题父母是怎样回答的？（情境问题引起学生的思考，激发学生的求知欲望和兴趣。）

相信大部分的父母都会说："你是妈妈怀胎十月，从妈妈肚子里生出来的。"

真的像父母说的那样吗？如果是从妈妈肚子里来的，新生命是怎样开始孕育的呢？又是怎样一天天长大的呢？关于这些问题很多父母可能都不知道如何回答，甚至有些父母认为这些问题太过敏感，所以避而不答。通过本节课的学习，你们将会有一个更科学的认识。

（三）合作探究

1. 生物的生殖和发育

（1）布置学习任务：阅读北师大版生物学八年级上册P65—66，讨论——什么是生物的生殖和发育。

（学生分组讨论后，回答问题。）

（2）生殖：是生物产生后代和繁衍种族的过程。

（3）生长：生物体的体积增大、体重增加的变化。

（4）发育：生物体的结构由简单到复杂，功能活动由不完善到完善的变化。

不同种类的生物的生殖和发育有所不同，新生命的孕育和诞生是由生殖系统来完成的。

（5）猜猜：哪个是男孩，哪个是女孩？（展示两幅婴儿头像，让学生猜性别，引起学生兴趣。）

男女最本质的区别是生殖系统不一样。

2. 人的生殖系统

男、女生殖系统的结构和功能

（1）布置学习任务：阅读北师大版生物学八年级上册P67，说出男性生殖系统（侧面）的结构

小组讨论：男性生殖系统各器官及其功能

（2）布置学习任务：阅读北师大版生物学八年级上册P68，说出女性生殖系统（侧面）的结构

小组讨论：女性生殖系统各器官及其功能

设计意图：利用男、女生殖系统的图片检查学生的学习效果。培养学生阅读，思考，讨论，提炼信息。

3. 新生命的孕育

新生命的孕育过程、胚胎发育的营养、新生命的孕育从受精卵开始。

（1）观看视频：受精过程。

（2）结合图片思考：

受精作用发生在哪里？

受精完成后，受精卵发生了哪些变化？

（3）讲解：受精卵形成后会不断进行分裂，形成多细胞的胚胎，并移向子宫，最终植入子宫内膜，这个过程叫着床。

着床后，胚胎继续分裂和分化，形成组织、器官、系统，到第二个月末，胚胎初步具有人形，这时候我们称其为胎儿。胎儿在母体内发育时间大概为280天，这个过程称为妊娠即怀孕，最后由母体分娩而出。

（3）阅读北师大版生物学八年级上册P70，观察图片，思考并讨论：

①受精卵分裂和胚胎发育初期的营养来源是什么？

② 胚胎发育后期输送营养的器官是什么？

③ 营养物质和代谢废物是怎样进行交换的？

讲解：初期是有卵黄提供营养。后期是由胎盘和脐带从母体输送营养给胎儿，同时将胎儿产生的代谢废物输送给母体血液，通过母体的循环系统排出体外。

（四）课堂总结及课后实践

师生总结本节课的主要内容，体会母爱的无私和伟大。

课后，请同学们采访自己的妈妈，了解母亲在怀孕后经历了哪些变化，承受了什么样的痛苦。再一次感受生命的来之不易和母爱的无私。

【板书设计】

人的生殖和发育

一、生物的生殖和发育

二、人的生殖系统

男性生殖系统的结构和功能：最主要的结构和功能

女性生殖系统的结构和功能：最主要的结构和功能

三、新生命的孕育过程

精子+卵细胞—受精卵—胚胎—胎儿—婴儿

胚胎发育的营养来源

初期——卵黄

后期——通过胎盘和脐带从母体获得

（本课设计者：阳山县太平中学　蔡锦斌）

美术学科教学案例：《文化衫的设计制作》教学设计

【教材分析】

1. 依据课程标准中的基本理念，美术课要适应素质教育的要求，面向全体学生，因此以文化衫这样广泛普及的媒材，激发学生学习兴趣，与学生的生活经验紧密联系，满足学生提高精神和生活品质的需求。鼓励学生关注文化与生活，认识祖国优秀传统文化与世界文化多样性的联系，培养学生的个性与创新精神。

2. 本课主要知识点包括了解文化衫主要的设计类别和功能，认识文化衫的主题、风格、色彩、材料等设计要点，掌握彩绘、粘缝、镂印等设计制作方法，利用媒材特性进行创意和制作，美化生活，形成初步的设计意识。

3. 学生的日常衣着大多是校服，所以，学生在外出旅游或参加某些活动时，从他们的穿着，就很难反映出他们的性格特点和个性品位。其实学生对于着装都有自己的想法，本课的设置就是让学生亲自设计制作文化衫，这一活动能更好地培养学生的动手能力和审美情趣，体会文化衫除了实用功能以外的文化内涵和艺术品位，让学生尽情发挥想象，促进其创造力的发展。

【学情分析】

本课教学对象是七年级学生，初中的学生已有较丰富的美术知识，同时随着年龄的增长和阅历的增长，他们也在逐渐形成个人的审美品位，产生不同的审美倾向。学生对衣服的设计都有自己的想法，而本节美术课的课堂实践活动，正好迎合了学生这种迫切需要创造、表现的心理，为他们提供展示自我审美情趣的平台，所以他们会兴致勃勃地参与进来。

【教学目标】

1. 知识与技能：了解文化衫的概念和特点以及文化寓意。学习文化衫的制作方法，根据主题绘制一款文化衫。

2. 过程与方法：通过观察讨论，归纳阳山县代表性建筑、景点、民俗习俗等地域文化，运用恰当的图形，文字或符号、色彩绘制设计一款文化衫。

3. 情感态度与价值观：增强地域文化认同感，唤起对本地文化的发现、保护和推广意识，强化学生的文化传承责任感，鼓励学生为本地文化的传承贡献自己的力量。

【教学重难点】

1. 教学重点：明确主题寓意，造型特点，色彩对比，掌握绘制方法。

2. 教学难点：找出适合的元素、符号、色彩，设计具有个性的作品，提高审美能力。

【教学准备】

多媒体课件、示范用具（空白T恤衫、色彩等）。

【教学过程】

（一）组织教学

将学生分为几个小组，检查学具准备等。

（二）导入新课（创设情景）

教师：用礼物吸引学生兴趣，并提问老师穿的T恤有什么特点？引入课题。

（分析教师的T恤图案，然后出示以阳山县为背景设计的文化衫，写着"生态之城，善美之县""吾州之山水名天下——韩愈"）

（1）引导学生思考得出文化衫的概念——在服饰上，设计具有特定文化内涵和图案的T恤就是文化衫。

（2）分析文化衫的特点——主题鲜明、富有个性、文化内涵丰富。

这节课就让我们一起来学习把普通的T恤制作成文化衫吧。

引出课题：文化衫的设计制作

（三）讲授新课（赏析探究）

1. 文化衫主题类型

分五种不同内容题材用图片配合文字形式展现。

学生总结：(内容题材)地域文化型、纪念型、环保型、趣味型、卡通人物型。

提出问题：老师刚才出示的文化衫属于什么内容题材？（地域文化型）

总结：地域文化型是指带有独特文化象征的艺术符号，可体现在特色建筑、景观、民俗工艺、饮食等地域文化体现。

设计意图：为随后以阳山县的地域文化为主题设计文化衫做铺垫。

2. 文化衫组成要素

赏：老师设计一组以阳山县的地域文化为主题的文化衫，请结合图片欣赏并分析文化衫表现形式有哪一些？

学生总结：文字、图案、图文并茂。

160

3. 文化衫构图形式

赏析：相同款式的文化衫设计展示，在构图上有什么不同？

学生分析：居中式、上下式、左右式。

设计意图：通过观察分析，解决文化衫设计中构图难点，为后面的实践创作做铺垫。

4. 文化衫色彩搭配

赏析：相同款式的文化衫设计展示，在色彩上有哪些变化，是属于什么色彩关系？

学生总结：同类色、对比色、互补色、冷暖色带来情感体验。

设计意图：通过观察分析，解决文化衫设计中色彩的运用，色彩对比强烈的互补色、柔和协调的类比色及冷暖搭配等。

5. 文化衫设计要素

学生自主探究：学生欣赏一些文化衫图片，通过小组讨论的方式提炼制作文化衫所需要考虑的要素。

提出问题：

这系列的文化衫有你们喜欢的吗？如果有，请说说喜欢的原因；如果没有，说说改进的地方。

文化衫设计应注意哪些问题或需要考虑哪些要素？（设计原则）

总结：主题突出、图案、色彩、风格独特

设计意图：培养学生自己学习、探究问题和解决问题的能力，充分体现新课程改革的教学理念。

6. 启发构思

启发：阳山特色风情还可以体现在哪些地方呢？（提示：建筑、景观、民俗文化、饮食等）

学生畅所欲言，交流想法。

人文历史古城：韩愈纪念馆、贤令山、文塔、北山寺……

绿色生态名城：广东第一峰、连江二十里画廊……

民俗文化之城：瑶歌、狮王、凤舞、春牛……

美食之城：阳山鸡、豆腐仁、淮山、板栗……

7. 文化衫设计思路和制作方法

（1）通过微课播放，展示彩绘法。

（2）教师设计思路分享，借鉴范例，便于学生在创作中参考。

（四）课堂实践

师：通过对文化衫设计原则和方法的学习，相信同学们现在已经迫不及待地想拥有一款既独特又富有文化内涵的文化衫了。那么就请大家动起手来，为阳山代言，展现阳山魅力！运用阳山县具有代表性的元素设计并制作一款文化衫。

（1）根据阳山地域文化主题设计一款富有一定审美情趣和文化内涵的文化衫。

（2）学生创作，教师辅导（屏幕上连续展示阳山的代表性建筑、景别、民俗文化、特色美食等图片，为学生提供参考）。

（五）学生作品欣赏及点评

（1）学生把设计好的文化衫进行展示，谈创意思路。组织学生进行自评与互评。

（2）教师总评。

（六）课堂小结

今天同学们设计的文化衫都非常出色。课后同学们可以去更多的发掘阳山文化与时尚相结合的方式，去发现、保护、推广阳山文化，为阳山文化的传承贡献自己的一份力量。

（本课设计者：阳山县太平中学　黄伙胜）

第四章

课堂改革的
实践反思

4

第一节　学科研究实践反思

优化课堂教学策略，提高初中语文课堂教学实效

在教育高质量发展的压力下，初中阶段的学习任务比较重，学生接触文学作品的时间也比较少，很多学生的文言功底非常薄弱，那么语文的教学改革首先要考虑学生的知识结构与水平，在整个教学过程中，教师既要有一定的组织性和计划性，又要密切关注课堂教学中学生是否参与到学习活动中、对知识是否掌握等一系列的问题，真实地感受学生的所思、所想、所为，随时发现课堂中的生成点，灵活调整教学内容，要想方设法激发学生学习的兴趣，以促使他们多钻研、多用心，必须调整教学方式，以有效提高课堂教学的效果。

一、创设学习氛围，培养学生的自学能力

我们所处的时代是一个知识经济、终身学习的时代，我们必须有比较强的自学能力。俗话说："得语文者得天下"，这足以说明语文的重要性，然而语文学科要学习的东西很多，仅靠教师上课讲，学生记是无法满足时代要求的。现在的学生对语文不专注，甚至"谈文言而色变"，所以教师一定要改变教学方式，充分调动学生自觉读作品的主动性及兴趣，并培养他们自觉学习的能力。

（一）加强课前预习，训练学生思维能力

小学阶段养成的课前预习的好传统应该继承，不过要有突破，推陈出新，教师在上新课之前，应该适当地布置学生预习小任务，小任务的内容不限，可以是让学生阅读相关的文学作品与参考资料，还可以是布置一些可以引发讨论的思考题。例如，在学习有关屈原的课文之前，布置学生查找关于先秦的资

料，读读先秦的历史，尤其是关于楚国的历史，《史记——屈原贾生列传》、《吊屈原赋》（贾谊）及《天问》、《离骚》、《九歌》等屈原的作品，还有一些相关的参考资料，并布置一些思考题，如"在你眼中的屈原是怎样的？说说你的理由""屈原的大胆想象，对后代有哪些影响"等，这样给学生一个阅读的方向，以问题来引导他们学习，他们理解起来就更加容易掌握知识了，同时突出教学的重难点。所以文学史为线索把作品联系起来，进而取得不错的成效。

（二）加强讨论式教学法的运用，培养学生学习兴趣

爱因斯坦说："兴趣是最好的老师"。在初中语文的教学过程中，教师要改变"满堂灌"的授课方式，要充分利用讨论式的教学方法，利用直观教具、动作表演、卡片、挂图、实物等，随时随地取材或根据课文内容创设语言环境、设计某些语文问题，让学生在学习中各抒己见，营造和谐的师生关系和民主、平等、快乐的教学气氛，以活跃的课堂气氛吸引学生学习，激发学生的求知兴趣和探索欲望，使学生处于积极的状态，主动参与教学活动，当学习的主人。在引导学生学习关于李白及其作品的内容时，可以设计一些没有现成答案的问题，如"李白的性格和李白的诗歌有什么不一样""李白的命运分析""李白和杜甫的比较"等，这既可以拓展学生的思维，又可以锻炼他们独立思考问题的能力，用提问题的方式引领学生读文学作品，因为不读作品是不可能回答这些问题的。课堂上还可以通过提问的方法督促学生思考，调动学生学习的积极性。

（三）教学生学会读注解，训练学生的自学技能

注解，就是用文字解释字句，也指用来解释字句的文字。注解是理解文本的好助手，往往难点、疑点在注解中都会解释清楚，教学生学会读注解，揣摩注解，那么学生在读懂注解的基础上理解课文，会有醍醐灌顶的功效，教师在解读课文时也就更容易了，这样教师就做到了"授人以渔"，学生也学会了如何自学。

（四）根据教材中指定的自学篇目，培养良好学习习惯

一本《中学语文》中所选的篇目何其之多，若在40分钟的课堂上全部讲解，就只能"走马观花"了，不能体现教学的重点与难点，同时，学生自己训练、内化知识、养成读书习惯的机会也被剥夺了。所以，教师在教学时将一些带"※"号的名篇、好篇划出来作为学生自学的篇目。比如李白的诗歌很多，

在课堂上是无法将它们讲尽、讲全的，教师可以列一些篇目让学生自学，这样既减轻上课的压力又培养了学生的自学能力。如此一个学期下来，几乎每个作家的作品都有课外阅读篇目，学生在消化课堂上的知识以后，课外再进行巩固，养成好的学习习惯，既扩大了知识面，又加深了语文科的学习。

（五）分类阅读书目，指导学生读书

中学生读书的随意性较大，他们比较喜欢看娱乐性的杂志，不喜欢读理论性的文字，以致找不到一个属于自己的读书方向。基于此，在七年级时就给学生指定了《中学生必读书目》，在其中介绍了许多中学生一定要读的名著及相关的课文，目的就是让学生能够找到学习的方向，让他们明白博览群书的意义。

二、加强作品背诵，培养学生文学感受与理解评价的能力

从心理学的角度看，感受是指人的主体感官受到外界各种事物的刺激所产生的一种情感体验活动，经个体心理结构的折射后，以知觉的形式表现出来的一种内心的体验。感受在文学创作和鉴赏中起着非常重要的作用，雁翼在《生活感受与创作》中说过："作家在分析、观察、研究社会现实生活材料时，很大一部分是在感受生活"。这告诉我们，要欣赏文学作品，必须先了解作家的遭遇，感受作家的生活经历，即所谓"知人论世"。背诵作品是培养学生感受和理解文学作品的一种好方法。郭沫若曾说："儿时背下的书，像一个大冰山，入了肚子，随着年龄增大，它会慢慢融化，一融化可就是财富了。"可见，背诵在我们的学习中是多么重要。我们在教学中培养的正是让学生感受作品的意境和音韵之美，以提高他们对文学作品的感受和理解评价能力。

第一，课标中要求背诵的70篇古诗文，让学生背诵并且做出详细而深刻的理解。教师则在学生背诵的基础上，利用课堂时间详细分析这些诗歌，提高学生对所学作品的敏感性，并且集中精力学会如何分析诗歌。

第二，平时考试多考默写与记忆题，期中、期末考试也需要有适量的同样试题。这样可以督促学生平时就好好地记住古代优秀诗文，踏踏实实将文学的美丽记在心间。

第三，在平常的练字中，加强对古代诗歌的背诵。将古代诗文作为学生练习字的内容，既练好了字，又背诵了诗，可谓一举两得！这样的背诵让学生觉得很轻松，学习的兴趣也更浓了。

三、加强作文训练，培养学生"学以致用"的能力

写作是初中语文教师必教的知识，也是初中生必学的技能，写作是一项创造美的活动，理应受到学生的喜欢。但在实际教学中，却存在着部分学生恐惧、厌烦作文的现象，这种现象的产生，是因为缺乏对学生写作兴趣的培养，使学生处于写作的被动地位，因此，要提高学生的写作水平，必须先提高学生的写作兴趣。怎么提高？这需要教师从看、说、写几个方面锻炼。在平时的语文写作教学中，也可以布置一些周记、日记等小作文来提升学生的写作能力，要求写作的话题尽可能跟学生日常生活的体验相结合，可以以《我的校园》为例，要求学生从自己最熟悉的环境入手，字数不要求太多，主要是有针对性地让学生改变小学阶段的那种"流水帐"的学习态度，逐移到作文写作上。小作文的写作，不仅可以提高学生对语言的组织能力，还可以提升学生对语文学习的兴趣，进而深化对语文的教学，把教学与写作训练结合起来，才会取得事半功倍的成效。

除了小作文的训练外，还可以从多个角度训练写作。如让学生自行写散文、改写故事、写小说、写剧本等。譬如在教学《诗经》中的《关雎》、王维的《山居秋暝》时都可以要求学生将其改为散文，既能培养学生的审美能力，又能提高写作能力，同时又增加了他们的学习兴趣。此外还可以将一些作品改写成为故事，如可以把《愚公移山》改写为神话故事，既丰富了学生的想象力，又加强了对文言文的训练，甚至还可以从不同的需要来机动地训练学生的素质与文学修养，更重要的是，这些练习本身就是在训练学生的写作技能。教师还可以利用各种机会训练学生写作，如在指导学生阅读课文的时候，给学生做出阅读要求，让他们写写读书笔记，以锻炼学生的阅读能力、提高学生的写作能力，只要学生能坚持下去，就能提高他们的学习兴趣及写作水平。

综上所述，教师在教学中，根据学情调整教学方式，是提高学生学习兴趣、增加课堂实效的纽带。教师在创设宽松学习氛围的同时，结合学生的实际，以贴近生活的实例增强他们对教材的文本体验，通过培养他们的思考力和判断力，激发他们的学习兴趣，促进他们自主学习，调动他们学习的积极性，以提高学习的效率，达到事半功倍的效果。

（本文作者：阳山县太平中学 骆春梅）

强化学生主体地位　优化数学课堂教学

数学是一门抽象且逻辑性较强的学科，单一讲授式的教学方法虽然能够传授给学生完整的知识体系，但是却并未给学生提供在实际问题中"探究"知识的机会，因而无法培养学生分析问题、解决问题的能力。改变过去传统的教学模式，倡导学生主动参与，在教学中尊重学生，凸显学生的主体地位，是当前教学改革的一个重要目标和必然要求。数学课堂如何激发学生主体意识，强化学生主体地位，优化课堂教学呢？下面结合我个人的教学实践，谈几点做法。

一、创设乐学氛围是突出学生主体地位的前提

创设愉悦和谐的学习气氛，让学生在愉快的气氛中积极、主动地探索求知，是学好数学的重要条件。托尔斯泰曾经说过："成功的教学所需要的不是强制，而是激发学生学习的兴趣。"形式多样、生动有趣的教学手段、教学方式和教学方法，能充分调动学生的学习积极性，不断强化学生的学习兴趣，帮助学生产生稳定的学习动机。

一些学生认为数学严谨无味，繁杂枯燥，面对千变万化的数学题，更是应付式地、机械性地完成。如果教师一味平铺直叙地讲课，必然使学生觉得疲劳乏味。为了让学生爱学、乐学，除了要选取学生感兴趣的素材进行教学，还可以结合教学内容，把练习题设计在一些有趣的学习活动中，如知识竞赛、小组抢答、闯关游戏、砸彩蛋等，还可以让学生进行情境表演，把平淡无味的数学题目演变成生动活泼的生活场景。学生只有处在轻松愉快的情境中，才会对探究的知识充满兴趣，思维才会被激活，才会以最大的热情参与数学学习。

二、激活学习动机是突出学生主体地位的关键

数学知识抽象难懂，内容枯燥无味，很多学生是在被动地学习数学，甚至有的学生"怕"数学。遇到稍微复杂的数学题就退缩、逃避、丧失信心，导致学习成绩下降。著名数学家华罗庚说："人们对数学产生枯燥无味、神秘难

懂的印象，原因之一便是脱离实际。"因此我们在教学设计中要联系学生的生活实际和原有知识经验，为学生的数学学习提供生动活泼、主动求知的材料与环境，使教学内容不是空洞无物而是有意义的，以激发学生的学习兴趣和激活学生学习的动机。学生只有积极、自觉地"学"起来，他们的主体性才能得到体现。

例如：教学八年级下册第四章第二节《黄金比例》一课时，我利用多媒体先投影出一些国内外知名模特的照片，还有大家熟悉的中国古代的兵马俑和古希腊爱美神大理石塑像断臂维纳斯的照片，然后问学生觉得他（她）们漂亮吗？在学生的一片赞同声中接着引出课题："他（她）们之所以让人觉得美，是因为他（她）们的身材比例符合黄金比例，黄金分割一直被后人奉为科学和美学的金科玉律。在艺术史上，几乎所有杰出的作品都验证了黄金分割律。那什么是黄金分割？黄金比是多少？"从学生期盼的眼神可以看出他们的学习动机被激活了，带着浓厚的探究欲望，他们很自然就跟着教师的节奏进行学习。从学生感兴趣的内容出发，就能使他们产生求知的欲望，积极主动地学习数学。

三、让学生主动"说"是突出学生主体地位的途径

在新课程背景下的数学课堂要发挥学生学习的主体性，让学生在学习中充分的、有条理的"说数学"，是一种很好的体现方式。"说数学"可以让学生说题目隐含的条件，可以让学生说解题的步骤，可以让学生说思维的过程，也可以让学生说错误的原因等，学生"说数学"的过程，其实就是暴露数学思维的过程，在这个过程中，学生处于学习的情境中，学习的主体性得到了充分体现。

如教学八年级下册第五章第一节《每周干家务活的时间》一课，学习了"普查"和"抽样调查"的概念后，我设计了两个环节让学生通过"说"来学习如何选择恰当的调查方式获取数据。

第一个是小组讨论：

（1）我们班上有多少女同学？全校呢？你准备怎样获得这些数据？

（2）全国所有八年级学生每周干家务活的平均时间是多少？你能用普查的方式得到这个数据吗？说明理由。

（3）你能用普查的方式调查连江河里鱼的数目吗？说明理由。

（4）如果你正在卖橘子，你愿意顾客用普查的方式了解你的橘子甜不甜吗？说明理由。

让学生各自在小组里说，得出结果后再派代表全班说。通过"说"的交流，学生很容易就得出结论：在调查研究过程中，调查具有破坏性、受条件限制或个体数目较多时是无法进行一一普查的，这时我们只有采取抽样调查的方式来获取数据。

第二个是练习设计：

下列调查中，你认为采用什么调查方式较合适？

（1）要了解一批饼干的口味。

（2）要了解韩愈中学男女教师的人数。

（3）要了解阳山县水泥分厂某批水泥的质量情况。

（4）要了解四川人民受地震伤害的情况。

这道练习题，除了让学生说出采取什么调查方式较为合适外，还要求学生说明为什么选择这种方式。学生通过再次"说"，加深了对"普查"和"抽样调查"两个概念的理解，并正确掌握了这两种调查方式在实际生活中的应用。

四、让学生参与"动"是突出学生主体地位的核心

学生的亲身体验和感知有利于获得感性经验，可以把实际问题抽象成数学模型。苏霍姆林斯基说："手和脑之间有着千丝万缕的联系，手使脑得到发展，使它更明智；脑使手得到发展，使它变成思维的工具和镜子"。动手实践是一种充分展示学生个体的过程，对学好数学意义重大，不但能够转变学生的学习方式，还为发挥学生的主体性提供了时间和空间，也有利于学生自主、创造性的学习数学知识，发展他们的数学能力。

如在探究"车轮为什么做成圆形？"时，我让学生自己动手用卡纸剪出一些三角形、四边形、圆形的纸片，然后分别把这些纸片当车轮转动起来，让学生通过实践体验，自己思考问题。学生很容易就得出：用圆形做车轮比用其他形状的图形做车轮转得更快，转动起来也更平稳，进而探究出车轮在地面滚动时，因为车轴离开地面的距离总是等于车轮半径的长度。因此车子走起来相对平稳。

又如，在探究"三角形三边关系"时，我让学生拿出课前准备的一些细木棒，任意取出三根组成一个三角形。结果有的同学取出的木棒能组成三角形，

有的同学则不能组成三角形。这一拼接过程，学生马上就可得出一个结论：构成三角形是有条件的，并不是任意三根木棒都能构成三角形。接着，我让同小组的学生拿出三根能够拼成三角形的木根进行比较："三角形任意两边之和与第三边有什么关系？任意两边之差与第三边有什么关系？"学生通过动手量和对比，发现三角形任意两边之和大于第三边，任意两边之差小于第三边。学生通过"做"数学，使抽象枯燥的数学知识变得直观形象起来。

五、让学生反思"错"是突出学生主体地位的重要环节

在数学学习过程中，错误是不可避免的，但错误的价值往往被忽视。实际上，错误是学生思维的"脚印"，是他们理解的"转折点"。让学生反思"错"，就是让他们从错误中学习，从错误中成长。教师应鼓励学生敢于面对错误，敢于暴露自己的思维过程，这样学生才能真正理解和掌握知识。

例如，在学习二次函数的图像时，有的学生会在画图时出现错误，如开口方向错误、顶点位置不准确等。教师可以让这些学生在课堂上分享他们的错误，引导学生分析错误的原因，讨论如何避免这些错误。学生在反思错误时，也在反思自己的思考方式，这有助于他们形成自我修正、自我完善的能力，同时也能加深对正确知识的理解。

六、让学生体验"用"是突出学生主体地位的落脚点

数学知识并非孤立存在的，它与现实生活有着紧密的联系。让学生体验"用"，就是让他们看到数学的实际应用价值，从而激发他们学习数学的兴趣和动力。

比如，在学习了"利润与销量的关系"后，可以设计一个模拟经营的活动。让学生分组，每组扮演一个小型商店，需要制定销售策略以最大化利润。他们需要运用学到的函数知识，分析不同价格对销量的影响，从而确定最佳定价。在这个过程中，数学不再仅仅是抽象的公式和定理，而是解决实际问题的工具，让学生体验数学的实用性和趣味性。

又如，在学习了"概率"后，可以组织一次"抽奖游戏设计"活动。让学生设计一个公平的抽奖游戏，需要考虑奖项的设置、中奖概率的计算等，这将引导他们运用概率知识去解决实际问题，同时也能让他们感受数学在日常生活中是无处不在的。

通过让学生体验"用"数学，不仅能够巩固课堂所学，还能培养他们的创新思维和问题解决的能力，进一步增强他们学习数学的主动性和积极性，真正实现学生在数学学习中的主体地位。

学生是学习的主体，学生只有积极、自觉地参与学习，他们的主体性才能得到体现。教是为学服务的，教师作为新课程改革实施的主体，必须不断提升理念，再把理念转化成实践，才能有效发挥学生的主体地位，使学生成为学习的主人。

参考文献

[1]苏霍姆林斯基.论教学法的教育学原理［M］.北京：教育科学出版社，1980.

[2]张思明.数学教育中的学生主体性研究［D］.北京：北京师范大学，2002.

[3]杨九俊.数学教学论［M］.南京：江苏教育出版社，2011.

[4]张奠宙.数学教育的转型与创新［M］.上海：上海教育出版社，2007.

[5]郑金洲.教育案例研究的理论与实践［M］.上海：华东师范大学出版社，2003.

（本文作者：阳山县韩愈中学　叶兰香）

基于数学高阶思维培养的试卷讲评课策略研究

试卷评讲课是一种重要且常见的课型，试卷评讲的有效性直接影响到测试的效果和教学质量的提升。但在以往的一些初中数学试卷讲评课中，由于受到升学压力的影响，教师和学生往往只重视题目相关知识点的过关，而忽视了思维能力的培养。殊不知，数学题千变万化，只有具备良好的思维品质，当遇到新题、难题时学生才能灵活变通，才能正确解题。故试卷讲评课不能只是订正答案，或单纯地就题论题，而应结合相关试题帮助学生找出思维上的偏差和能力上的缺陷，有意识地培养学生的高阶思维，不断改善学生的思维品质，提高学生解决数学问题的能力。

一、数学高阶思维的概念和内涵

国外学者德梅特拉（Demetra Pitta-Pantazi）等人依照系统化思维模式，提出在数学教育中的高阶思维是一种复杂思维活动过程的整合，尤其强调创造性思考、逻辑性思维、数学知识的建构等复杂思维活动方式的融合。大卫·托尔（David Tall）认为数学高阶思维主要是指较高的问题处理能力，它是指对数学概念、命题、定理和规则的准确认知和深刻理解，并根据数学规则和方法进行逻辑演绎。

国内著名研究者葛波教授以核心素养的视角对数学高阶思维的定义进行了界定，它是指学习者在完成学习任务时体现出的一项高度智力活动，重点聚焦于批判性思维、策略思维、创新思维等面。吴立宝、刘颖超、曹雅楠等借鉴了国内学术界对数学高阶思维的研究，根据数学课程的特点以及学习者思维活动过程的特征，将高阶思维分为抽象思维、逻辑思维、模型思维、批判性思维和创新思维。

根据国内外学者对数学高阶思维的定义，结合数学思维的基本特征和核心素养具体要求，所谓数学高阶思维是：产生于复杂的数理活动中，围绕着某个数理对象，在假设推测、实际操作、实际检验的流程中，经过研究问题、分析和解决问题的综合研究步骤，并运用批判性思维、创新思想、问题处理和元认知能力为核心内容的高水平的心智活动或知识能力，在知识范畴中体现为以分析、评价、创新和批判等为主要特点的数学思维品质。

二、指向数学高阶思维的试卷讲评策略

（一）注重讲评"形象"，培养学生抽象思维

思维反射法更偏向于直观思维和形象思维，所以我们在试卷讲评课上如能把抽象的数学问题转换为学生所了解及熟知的事物，指导并帮助学生运用形象的图像或信息来突破思想障碍，有利于学生数学抽象思维的形成。

例1 讲评"阳山县2021学年第一学期期末教学质量检测七年级数学试题"第23题。

原题：小彬和小明每天早晨坚持跑步，小明每秒跑6米，小彬每秒跑4米。

（1）在400米环形跑道上，如果他们在起点处背向同时起跑，则经过多长时间他们相遇；

（2）在400米环形跑道上，如果他们在起点处同向同时起跑，则经过多长时间他们再次相遇。

相遇和追及问题，题型灵活多变，对中下层学生一直是棘手问题，他们很难直接抽象出解题思路。教师在讲评时可以利用画图的形式，把已知量和未知量分别在图中表示出来，帮助学生直观地理解题目的数量关系，从而正确列出方程解题。也可以通过多媒体动画视频展现问题情景信息，生动的动画能够帮助学生在实际场景中发现有用信息，强化他们的抽象概括能力。除此以外，老师也可以让学生动手操作，自己尝试把问题用简单的图形来表达，深化学生对知识理解的同时体验探索的乐趣。

在试卷讲评时，教师采用形象直观的教学方法培养学生的抽象思维，能够让他们更容易理解数学知识，有助于他们掌握科学、合理的问题解决方法，从而提升课堂教学质量。

（二）注重讲评"留白"，培养学生逻辑思维

传统的试卷讲评教学模式，学生较为被动接受知识，对于错题订正，特别是大题的订正基本是紧跟教师的思维，导致难题的解决过于依赖老师。为减少学生对教师的依赖，在讲评教学中可适当"留白"，故意停顿或者是对问题的讲解点到即止，为学生留出想象和思考的空间，让学生通过自己的思考和努力得到问题的结论，培训他们自主学习能力的同时，促进其逻辑思维能力不断发展。

例2 讲评"2021-2022学年北师大新版七年级（上）期末数学模拟试卷"第23题第3个小问。

原题：如图，M是线段AB上一点，$AB=10$ cm，C，D两点分别从M，B两点同时出发以1 cm/s，3 cm/s的速度沿直线BA向左运动。（点C在线段AM上，点D在线段BM上)

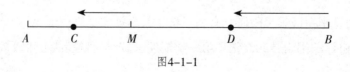

图4-1-1

（1）（2）省略；

（3）若点C，D运动时，总有MD＝3AC，求AM的长度。

这一题的第3个问涉及数轴上的动点问题，知识比较综合，有一点难度，学生不知如何切入解题，大部分学生都是依赖老师帮忙解决。为培养学生数学逻辑思维，教师在讲评过程中可以设计以下留白问题，让学生在教师的引领下积极思考。

留白问题一：已知MD＝3AC，在题目中还能不能找到同样具有三倍关系的两条线段？（通过审题，学生很容易发现C，D两点的速度分别为1cm/s，3 cm/s，故有BD＝3CM）

留白问题二：要求AM的长度，能不能使MD＝3AC和BD＝3CM这两个数量关系与AM产生联系？（通过图形，学生观察发现AC＋CM＝AM，故可以把MD和BD相加，即MD＋BD＝3（AC＋CM）＝3AM）

留白问题三：既然MD＋BD＝3AM，也就是MB＝3AM，你能结合题目的已知条件求出AM的长度吗？（通过思考，大部分学生都可以得出AB＝AM＋MB＝4AM，故AM＝2.5 cm）

通过留白，凸显学生的主体作用，使他们带着疑问积极思考，训练了他们的逻辑思维能力。

（三）注重渗透"建模"，培养学生模型思维

数学建模是应用数学思想、技术与方法处理及解决实际问题的过程，是数学学习的主要思考方式之一。数学模型解题方法的形成，对于培养学生问题解决能力非常重要。把数学模型思想融入数学试卷讲评课中，不仅可以能帮助我们更好地分析解决试卷上的问题，还可以让学生掌握建模和求解的方法，促进其数学思维的有效提升。

例3 讲评"2021广东省中考数学试卷"第22题。

原题：端午节是我国入选世界非物质文化遗产的传统节日，端午节吃粽子是中华民族的传统习俗，市场上豆沙粽的进价比猪肉粽的进价每盒便宜10元，某商家用8000元购进的猪肉粽和用6000元购进的豆沙粽盒数相同，在销售中，该商家发现猪肉粽每盒售价50元时，每天可售出100盒。每盒售价提高1元时，每天少售出2盒。

（1）求猪肉粽和豆沙粽每盒的进价；

（2）设猪肉粽每盒售价x元（50≤x≤65），y表示该商家每天销售猪肉粽的利润（单位：元），求y关于x的函数解析式并求最大利润。

这是一道以端午节为文化背景的方程和函数实际应用题。文字信息较多，对学生的审题能力和数据处理能力要求也较高，部分学生无法厘清问题中的数量关系，因而列不出方程（组）和列出函数关系式。事实上，当这类问题转化为数学建模时，就更容易被解决。因此，我们在讲解此类问题的时候，应注重过程性教学，帮助学生合理"建模"。具体操作流程如下图：

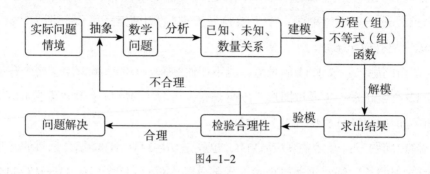

图4-1-2

读懂题意后，教师便可帮助学生厘清总价、单价和数量三者之间的关系，第（1）问根据商家用8000元购进的猪肉粽和用6000元购进的豆沙粽盒数相同作为等量关系列出方程；第（2）问，按照"每天销售猪肉粽的利润=猪肉粽每盒利润×数量"作为等量关系列出函数关系式，而后再通过二次函数的性质及取值范围求利润的最大值。

掌握这种建模思想，学生的头脑中就会产生一种系统化地解题结构方法，当遇到同一类问题时，就会自觉建模，有效提升解题效率。

（四）注重鼓励"质疑"，培养学生批判思维

数学批判性思维是一种通过不断思考与探究之后而产生的特殊思维方式与学习能力。数学的批判思维方式，能够正确引导学生在学习过程中进行自我反思与总结，使学生对数学知识的实质产生更深刻的认识，并逐步形成全面、客观的数学推理能力。在试卷讲评课上，教师引导学生进行错题纠正时，要鼓励他们勇于表达自己的合理质疑，勇于提出新的问题，同时注意反思与总结。

例4 讲评"2022年广东省中山市纪中、纪雅、三鑫三校联考中考数学一模试卷"第10题。

原题：如图，二次函数$y=ax^2+bx+c$（$a\neq0$）的图像过点（-1，2）且与轴交点的横坐标分别为x_1，x_2，其中$-2<x_1<-1$，$0<x_2<1$，下列结论：①$4a-2b+c<0$；②$2a-b<0$；③$abc>0$；④$b^2+8a>4ac$。其中正确的是（　　　）

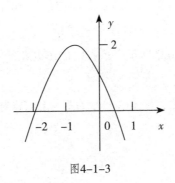

图4-1-3

A.①②③　　　B.①③④　　　C.②③④　　　D.①②③④

本题主要考查二次函数图像与系数的关系，对学生的推理能力要求较高，很多学生做这类题目很容易出错，也有一些学生蒙对答案，但不知其所以然。在讲评时，笔者是这样操作的：先让一学生到黑板前进行讲题，把思维过程展现出来，其他同学针对疑惑进行提问。在讲解第②个结论时，讲题的同学提到：因为抛物线的对称轴$-\dfrac{b}{2a}>-1$，所以$b>2a$，即$2a-b<0$，故②正确。话音刚落，就有学生甲提出："为什么对称轴$-\dfrac{b}{2a}>-1$？"，讲题的同学一时语塞，显然是被问到了，他自己也是一知半解。下面的同学乙大声说道："数形结合，看图像就知道了！"。其他同学马上反驳，有时看图像不一定是准确的。

"那到底是为什么呢？下面请各小组讨论一下。"教师马上为学生提供辨析讨论的机会。

通过讨论，交换思想，学生很快就得到结论。因为已知函数图像与x轴交点的横坐标分别为x_1，x_2，其中$-2<x_1<-1$，$0<x_2<1$，根据二次函数的对称性，故得到对称轴$-\dfrac{b}{2a}>-1$.

数学批判性思维品质不仅表现为善于思考、善于提问，也表现为能够及时发现错误、分析错误、纠正错误，从而更好地指导新的数学学习活动。"学起于思，思源于疑"，在数学学习中，教师要引导学生大胆质疑，使学生带着问题积极思考，以不断提高学生的自主学习能力和批判性思维能力。

（五）注重讲评"多变"，培养学生创新思维

试卷讲评课作为一种重要课型，教师在试卷讲评时除了要对试卷内容进行分类讲评，帮助学生查漏纠错外，还要针对重难点、易混易错点进行一题多变、一题多解等帮助学生进一步增强与弥补相关知识，拓展解题方法与思路技巧，培养学生数学思维，特别是发展创新思维。

例5 讲评"2022—2023学年广东省中山市九年级（上）期末数学试卷"第15题。

原题：如图，∠ABC中，∠A=54°，O是△ABC的内心，则∠BOC=_____。.

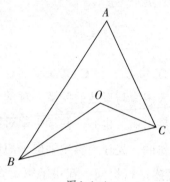

图4-1-4

本题主要考查学生运用三角形的内心、三角形内角和定理进行推理和计算的能力。在进行讲评时，笔者鼓励学生用不同的方法进行解题并寻求问题的最优解法。通过思想碰撞，学生得到了以下几种解题方法：

方法一：运用三角形的内心定义求出∠OBC和∠OCB的度数，再用三角形的内角和定理进行求解。

方法二：连接AO并延长，转化为求△AOB和△AOC的两个外角和进行求解。

方法三：延长BO，交AC于点D，转化为先求∠BOC外角的度数，再利用平角定义进行求解。

方法四：过点O作BC的平行线，利用平行线的性质和平角定义进行求解。

除了一题多解，教师还引导学生对将原题中的已知条件、结论等进行改动变式。在教师的点拨下，学生根据原题命制出了多种变式题。

变式一：∠ABC中，∠OBC+∠OCB=126°，O是△ABC的内心，则∠BOC=_____°。。

变式二：∠ABC中，∠BOC=117°，O是△ABC的内心，则∠A=_____°。。

变式三：∠ABC中，∠A=54°，∠ABO=∠ABC，∠ACO=∠ACB，则∠BOC=_____°。。

变式四：∠ABC中，∠A=54°，∠ABO=∠ABC，∠ACO=∠ACB，则∠BOC=_____°。

变式五：∠ABC中，∠A=54°，O是△ABC的外心，则∠BOC=_____°。

变式六：∠ABC中，O是△ABC的内心，I是△ABC的外心，∠BOC=117°，则∠BIC=_____°.

除此之外，还有学生把题目变式成了证明题，证明∠BOC与∠A的关系。在试卷讲评课中突出学生主体地位，引导学生一题多解，一题多变，使学生变被动学习为主动探究，养成认真思考的习惯，还可以使他们开拓思路，活跃思维，培养他们的创新能力。

当然，一题多解、一题多变除了通性通法，其他的方法和变式不一定全部要讲，要视具体情况而定，需要教师"见机行事"。

三、结束语

综上所述，在试卷讲评课中培养学生数学高阶思维是培养学生学科核心素养的重要途径。数学教师应重视试卷讲评课，积极探索在试卷讲评课中提升学生思维能力有效方法，帮助学生逐步完善思维品质，为学生今后的数学学习与发展奠定基础。

参考文献

［1］林毅.初中生数学高阶思维的结构模型建构及其发展路径研究［D］.南宁：广西师范大学，2021.

［2］葛波.指向核心素养的数学高阶思维培养路径探析［J］.学苑教育，2021（13）：55-56.

［3］吴立宝，刘颖超，曹雅楠.基于问题链的初中数学课堂高阶思维培养路径研究［J］.天津市教科院学报，2022，34（1）：21-27.

［4］陈珍妮，吴仁芳.数学高阶思维的基本蕴涵、教育价值及培养途径［J］.教学与管理，2022（18）：64-68.

（本文作者：阳山县韩愈中学　叶兰香）

由一道题引发的探究实践活动及教学启示

《义务教育物理课程标准（2022年版）》明确指出：注重科学探究，突出问题导向，强调真实问题情境，引导学生不断探索，提高分析、解决问题的实践本领和科学思维能力，发展核心素养。在新课程、新课标实施的背景下，初中物理教学要多开展基于真实问题的探究实践活动，摒弃以往借助假情境、解决假问题的"解题"活动，以培养学生解决问题的能力，发展学生的核心素养。下面以探究小灯泡并联电路伏安特性曲线的真实性为例，谈谈教学实施过程及体会。

一、有问题的伏安特性曲线

（一）发现问题，提出质疑

在泸科技粤教版物理九年级上册第十五章《电能与电功率》这一章的复习课中，教师给出了这样一道题（例题1）让学生解答。

例　某物理兴趣小组的同学设计了如图4-1-5甲所示的电路进行实验探究，他们通过改变电源电压，记录下相应的电流表示数，并描绘出了如图4-1-5乙所示的 $I-U$ 关系图，小灯泡标有"6V3W"字样。灯泡正常发光时的电阻为Ω，R 的阻值为Ω；调节电源电压，当电流表示数为0.9A时，小灯泡的电功率为W。

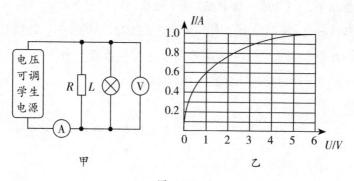

图4-1-5

表面看这道题的设计没什么问题，但在求解过程中细心的学生还是发现了问题。学生发现，当电压为3V时，小灯泡的电流是0.75A；电压增大到6V时，电流却变为0.5A，即电流随电压增大反而变少了。

对此，学生大胆提出质疑："老师，小灯泡的电流会随电压的增大而减少吗？"教师当时也不确定，不敢给出肯定的答复，只是给出一种可能性的解释：随着电压的增大，小灯泡的功率增大、温度升高，它的电阻可能增幅更大，使电流反而减少了。这是真的吗？如果不是这样，问题出在哪呢？师生满脑疑惑。

（二）提出猜想，引导探究

课后，老师通过资料搜索，发现了类似的题目。

例某兴趣小组设计了如图2甲所示的电路进行实验探究，电源为电压可调的学生电源，小灯泡L标有"6V1.2W"字样，R为20Ω的定值电阻。小组根据记录的电流表和电压表的示数变化，描绘出如图乙所示的关系图。

类似的电路、相似的 $I-U$ 曲线，出现同样的问题——根据曲线求出的小灯泡的电流随会随电压的增大反而减少。由此教师意识到，出现这类问题的题目不是个别的，让学生对此进行实验探究将是一次很有意义的探究活动。第二天上课，教师继续与学生交流。

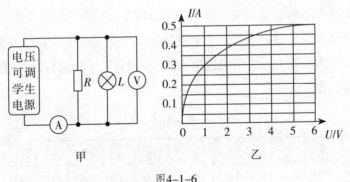

图4-1-6

师：你们相信小灯泡的电流会随电压的增大而减少吗？

生：不太相信。

师：不相信。你们猜问题可能出在哪？

生：可能是题目给出的伏安曲线不正确。

师：怎么验证？

生：通过实验画出电路的伏安特性曲线进行对比。

师：很好。我们就用实验描出题中所给电路的伏安特性曲线，看题中所给 $I—U$ 曲线是不是真的。这个任务我们放在课后完成。

二、进行实验探究

学生使用的沪粤版教材编有用伏安法测小灯泡工作时的电阻的实验，通过该实验，学生对小灯泡的电阻会随电压的增大、温度的升高而增大有了较深认识，而对小灯泡的电流随电压怎样变化没有太留意。因此学生对这个由自己发现的问题的答案满怀期待，对探究充满欲望。教师要求两个同学为一组，利用课后时间完成实验探究。

（一）进行实验，收集证据

描绘小灯泡伏安特性曲线对初中学生不作教学要求，作为拓展性实验，需要在教师的指导、帮助下完成。

（1）教师网购"6V3W"规格小灯泡及12Ω的定值电阻，分给每一组学生使用；

（2）开放实验室，让学生课后分小组到实验室进行实验；

（3）教师指导学生选用7.5V档学生电源、20Ω2A规格的滑动变阻器，电路取用分压电路，按"先密后疏"的原则采集实验数据；提醒学生注意采集电压为6V时的这一组数据，目的是考查所用小灯泡与其标注的规格是否一致。

学生兴致勃勃，热情高涨，在老师的指导下都完成了实验，收集到所需的实验数据。下面是其中一个小组收集到的"6V3W"小灯泡与12Q电阻并联电路的U、I实验数据。

表4-1-1

序号	1	2	3	5	4	5	6	7	9	10	11	12	13
U/V	0.00	0.05	0.10	0.20	0.30	0.40	0.60	1.00	2.00	3.00	4.00	5.00	6.00
I灯/A	0.00	0.04	0.07	0.10	0.12	0.13	0.15	0.19	0.26	0.32	0.38	0.43	0.48
I并/A	0.00	0.04	0.08	0.12	0.14	0.16	0.20	0.27	0.42	0.56	0.70	0.84	0.97

（二）解释与交流

学生利用实验数据画出相应的伏安特性曲线。通过分析数据及 $U—I$ 曲线，得到以下几点结论：

（1）小灯泡的电流不会随着电压的增大而减小，而是随着电压的增大而增大。

（2）"6V3W"小灯泡与12Ω电阻并联电路的U—I曲线，并不会像原题图那样巧妙地连续经过（1V，0.6A）、（2V，0.8A）、（3V，0.9A）这三个点，原题图的U—I曲线是人造的伏安特性曲线，正是这个假的伏安特性曲线导致了小灯泡的电流随电压增大而减少的错误结论。

（3）综合各小组的测量结果还发现，"6V 3W"小灯泡在额定电压下的电流与标注的额定功率下的电流并不等于，即当电压6V时，测得的电流大多是0.46A、0.47A或0.48A，均少于0.5A。

对结论（3）的进一步讨论发现，小灯泡所标注的额定功率实际上是一个理论值。那么，是什么原因导致了这种偏差的出现？这可能与小灯泡的制作过程有关。教师要求各小组以此为题开展跨学科实践。

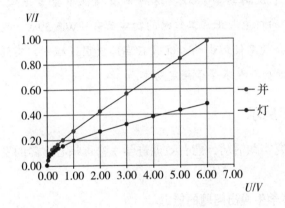

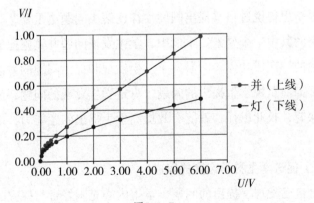

图4-1-7

三、跨学科实践探究

针对结论（3），老师让学生围绕以下两个问题，开展跨学科实践。

问题1：我们在实际测量中发现，小灯泡额定电压下的功率并不等于标注的额定功率，这可能与制作过程有关。试问是哪些因素影响到小灯泡额定功率的准确性？

通过查阅资料，学生认为，产生这种误差的原因可能与小灯泡钨丝的纯度、长度、粗细、紧绕程度等有关，一般的厂家在制作过程中按标准无法做到100%的精确，因此带来了相应的误差。有学生认为，实际功率比标注的额定功率少，可能是厂家有意而为之，目的是使小灯泡在使用过程不容易被烧坏。有学生还认为，灯泡的电阻与温度有关，因此小灯泡的额定功率会随环境温度的变化而产生波动。

问题2：联系家庭使用的白炽灯，这种不准确性会带来使用上的麻烦吗？

联系家庭中使用的白炽灯，这种不准确性不会带来使用的麻烦，比如"220V 40W"的灯泡，正常工作时的功率只有38W或39W，这种小幅的差异对家庭的使用不会带来任何影响。况且在实际使用过程中，实际电压往往不等于额定电压，实际功率也不等于额定功率。

四、教学启示

这样的探究实践活动，能有效促进学生物理核心素养的发展，具体表现以下几方面。

（一）培养学生提出问题的能力

爱因斯坦曾说过："提出问题往往比解决问题更重要"。"提出问题"是科学探究的其中一个要素。本例中，学生发现问题并实施探究，是发现问题、解决问题的一次成功体验，激发了学生发现和提出问题的潜能。在平时的教学中，教师如能重视学生提出的问题，肯定学生发现的问题，鼓励学生以问题开展科学探究，长此以往，就能有效提高学生提出问题能力，培养学生质疑和创新精神。

（二）促进学生科学态度的养成

面对自己发现、提出的问题，学生内心充满好奇与探究的欲望，在探索、求真的内驱力作用下，以严谨认真、实事求是的态度记录数据、处理数据、得出结果，促进了学生科学态度的形成。

（三）提高学生实验探究能力

描绘小灯泡伏安特性曲线是九年级电学"测量小灯泡工作时的电阻"实

验的拓展。通过实验，让学生经历了实验电路的设计、仪器的选择、电路的连接、实验数据的采集、数据的分析处理、结果的评估与解释等过程，提高进一步了学生实验探究的能力，培养了学生用实验的方法探究、解决物理问题的意识。

（四）提高学生跨学科实践能力

例1、例2的问题情境是命题者出于命题需要虚构出来的情境，利用这些违背客观事实的"假"问题情境来培养学生解决问题的能力，是一个伪命题（培养的只是一种纯粹的解题能力）。真正地解决问题能力的培养，需要让学生经历基于真实问题的探究解决过程。《义务教育物理课程标准（2022年版）》增设了"跨学科实践"的课程内容，旨在发展学生跨学科运用知识的能力、分析和解决问题的能力、动手操作的实践能力，培养学生积极认真的学习态度和乐于实践、敢于创新的精神。

本次活动中对小灯泡额定功率影响因素以及灯泡额定功率的不准确性对生活的影响的探究，是一次跨学科实践活动的有益尝试，通过实践性活动，提高学生的实践能力。

综上所述，重视学生问题的发现，开展基于真实问题的探究，有利于学生实践能力的培养。特别是在"双减"政策的背景下，这种项目式的探究实践活动，将会使初中物理教学更有活力和意义，凸显教育的价值与功能，值得大家尝试。

参考文献

［1］中华人民共和国教育部.义务教育物理课程标准（2022年版）［M］.北京：北京师范大学出版社，2022.

［2］须雪忠，王凯."描绘小灯泡的伏安特性曲线"中的几个误区［J］.物理教学，2010，32（6）：22-23+59.

（本文作者：阳山县教师发展中心 毛鸿鸣）

以情境引领知识结构化的深度学习

——以"溶液"的复习教学为例

基于大概念的建构，整体设计和合理实施单元教学，注重启发式、互动式、探究式教学，引导学生自主学习，开展以化学实验为主的多样化探究活动；创设真实问题情境，倡导"做中学""用中学""创中学"。为此，本文对科学粤教版化学九年级下册第9章《溶液》的复习进行了整体单元设计，以传统工艺——自贡井盐的制作过程配制溶液实验为线，穿插实验教学情境，采用任务驱动、问题驱动的教学方法，将溶液的单元知识融合于其中，以情境线推动知识线的发展，改变传统复习课以知识问答为主的模式，增强课堂实效性。

一、教学现状分析

（一）从教师的角度分析

有的教师喜欢用习题串联知识，通过习题讲解引领学生进行复习，过于注重知识的解题价值，忽略知识与生产生活的联系，忽视核心素养中"科学思维"及"科学态度及责任"的培养。还有的教师习惯性地认为学生实验是新授课的内容，忽视"实验验证，证据推理"这些科学方法在复习课中的应用价值。

（二）从学生的角度分

利用近三年的广东省中考试题，检测学生对"溶液"的掌握情况。由学生答题情况发现，大部分学生都能领会饱和溶液、溶解度和溶质质量分数等概念的含义，但还不能实现知识点之间的贯通理解和转换，无法构建"溶液"的知识网，不能很好地将理论知识和生活应用紧密结合起来。

上述问题的存在不利于学生深度学习状态的达成，因此在教学设计中我们要通过多种方法解决上述问题，提高学生课堂学习的效果。

二、以情境引领知识结构化的深度学习教学设计

本课例以传统工艺——自贡井盐的制作过程、配制溶液实验为情境线,将"溶液"的单元知识融合于其中,以情境线推动知识线的发展,帮助学生认识化学学科知识的本质,感悟化学基本思想,掌握解决问题的方法,增强结构化学习的意识和能力,从而引领学生进入深度学习,培养化学科的核心素养。

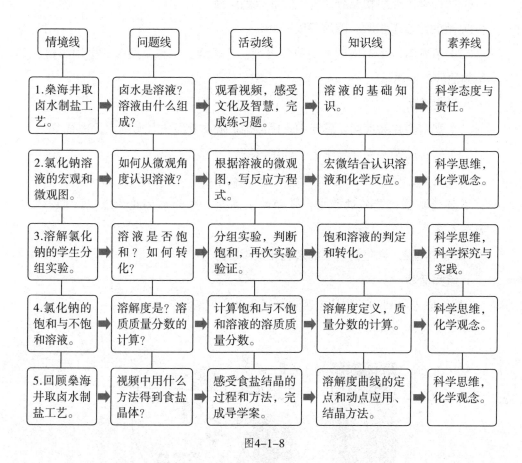

图4-1-8

三、以情境引领知识结构化的深度学习化学课例——以"溶液"的复习教学为例

(一)情景1:自贡燊海井取卤水制盐工艺

1. 教师活动

[情境嵌入] 利用视频解读:自贡燊海井取卤水制盐工艺。

[提问] 视频中出现的卤水,是什么溶液吗?此溶液的溶质是什么?溶剂

187

是什么？从图片可以看到溶液有什么特征？

［导学］讲解以下习题：

（1）下列叙述正确的是（　　　　）

A. 均一、稳定的液体一定是溶液

B. 汽油洗去衣服上的油污是乳化作用

C. 两种液体纯净物充分混合一定能得到溶液

D. 硝酸铵溶于水时，溶液温度降低

（2）请判断以下溶液中的溶质和溶剂：①碘酒、②稀硫酸、③医用酒精、④植物油的汽油溶液。

2. 学生活动

（1）观看图片和视频，感受中华民族灿烂的文化及古代劳动人民的智慧。

（2）回答问题和完成导学案上的练习题。

设计意图：复习溶液的组成和特征，溶解和乳化，溶解时能量变化等知识；在解读制盐工艺的过程中，带领学生感受了中华文化的灿烂，培养学生"科学态度与责任"的核心素养。

（二）情景2：氯化钠溶液的宏观和微观图片

1. 教师活动

［情境嵌入］利用下图从宏观和微观角度认识溶液

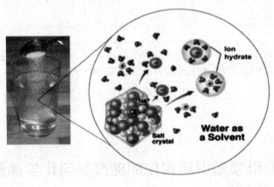

图4-1-9

［导学］讲解以下习题：用化学方程式表示下图中铝片与硫酸铜溶液的反应：

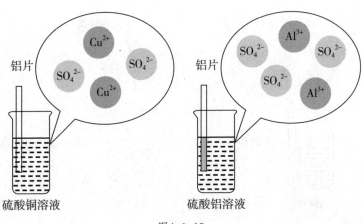

图4-1-10

2. 学生活动

通过分析溶液的微观图，写化学反应方程式。

设计意图：从宏观和微观两个角度认识溶液和化学反应，教会学生用"宏微结合"的思想分析问题、解决问题；培养学生科学思维和化学观念的核心素养。

（三）情景3：（学生分组实验）分别向装有1g和5g氯化钠的试管中，加入10mL的水

1. 教师活动

［实验情境嵌入］组织学生分组实验：在室温下，分别向装有1g和5g氯化钠的试管中，加入10mL的水，震荡，观察溶解情况。

［引导学生观察与思考］溶解情况？溶液是否饱和？如何判断溶液饱和？如何相互转化饱和与不饱和溶液？

［组织学生再次操作实验验证］

（1）往不能确定饱和的溶液中加入少量氯化钠固体。

（2）加入一定量的水将试管中未溶解的固体全部溶解。

［总结］饱和溶液与不饱和溶液相互转化的方法。

［导学］能力提升题：如图4-1-11，往水中加入什么物质使水温改变，将以下不饱和溶液变成饱和溶液？

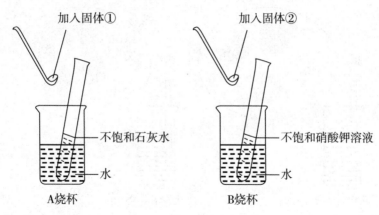

加入固体①　　　　　　加入固体②

不饱和石灰水　　　　　不饱和硝酸钾溶液

水　　　　　　　　　　水

A烧杯　　　　　　　　B烧杯

图4-1-11

2. 学生活动

（1）实验操作溶解氯化钠固体，判断饱和。

（2）再次实验操作饱和与不饱和的相互转化。

（3）完成导学案的练习题。

设计意图： 复习溶解现象，溶解时的能量变化，饱和溶液的判定和转化等知识；通过学生亲身经历溶解氯化钠的实验操作过程，自主辨析饱和溶液与不饱和溶液的判断及转化，建立溶液的"实验表征"。加深学生对溶液知识的理解，培养学生"科学探究与实践"的核心素养。

（四）情景4：通过上述实验，得到两支试管的氯化钠饱和溶液、不饱和溶液

1. 教师活动

［情境嵌入］结合前面实验的数据，如下表，计算实验中2种溶液的溶质质量分数。

表4-1-2

实验	温度/℃	水的质量/mL	氯化钠的质量/g	溶解情况	溶质质量分数
A	20	10	1		
B	20	10	5		

［提问］如何计算溶液的溶质质量分数？溶解度的定义和四要素是？如何计算有固体剩余的饱和溶液溶质质量分数？

［导学］问：20℃时氯化钠的溶解度为36g，它表示什么意思？通过下题复习溶解度四要素。

下列说法中正确的是（   ）

A. 在100g水中最多能溶解氯化钠40g，则氯化钠的溶解度为40g

B. 一定温度下，氯化钠饱和溶液100g中含氯化钠30g，则氯化钠在该温度时的溶解度为30g

C. 20℃时，100 g水中溶有氯化钠 20g，则氯化钠在20℃时的溶解度为20g

D. 20℃时，氯化钠的饱和溶液136g中含氯化钠 36g，所以20℃时氯化钠的溶解度为36g

［导学］通过下题复习某一温度下的饱和溶液的溶质质量分数的计算方法。

已知在20℃时，NaCl的溶解度为36g，请计算：20℃时，NaCl饱和溶液的溶质质量分数。

2. 学生活动

结合前面实验的数据，计算实验中2种溶液的溶质质量分数。通过做题，复习溶解度、饱和溶液溶质质量分数的计算方法

设计意图： 复习饱和溶液与不饱和溶液的溶质质量分数的计算，溶解度的定义和四要素等知识。通过计算NaCl饱和与不饱和溶液的溶质质量分数，复习溶液组成的定量表示方法，学会从定性到定量的角度认识物质。培养学生科学思维的核心素养。

（五）情景5：回顾自贡燊海井取卤水制盐工艺，感受食盐的结晶过程和方法

1. 教师活动

［情境嵌入］在视频中，我们看到从燊海井中取出的卤水中，这是通过什么方法得到食盐晶体？依据什么来选择结晶的方法。

［导学］通过以下题目复习溶解度及曲线的相关知识。

复习溶解度曲线的"定点"情况：

如图4-1-12，结合图像分析溶解度曲线和结晶方法。

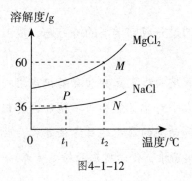

图4-1-12

（1）P点的表示意义是_____。

（2）若t_1℃=20℃，则NaCl属于_____物质（选填"易溶、可溶、微溶、难溶"）。

t_2℃时，$MgCl_2$、NaCl的饱和溶液的溶质质量分数的大小关系：

$MgCl_2$_____NaCl（选填">，<，="）

（3）t_2℃时，将50g $MgCl_2$加入到50g水中，获得溶液的质量为_____。

（4）t_2℃时，$MgCl_2$、NaCl的饱和溶液恒温蒸发10g水，析出晶体质量的大小关系：$MgCl_2$_____NaCl（选填">，<，="）

（5）M点表示该温度下$MgCl_2$_____的溶液。（选填"饱和、不饱和"）N点表示该温度下$MgCl_2$_____的溶液。（选填"饱和、不饱和"）可以采用_____方法将M点的$MgCl_2$溶液转化为N点的$MgCl_2$溶液。

（6）若$MgCl_2$混有少量NaCl，应采用_____的方法提纯$MgCl_2$。

复习溶解度曲线的"动点"情况：

如图4-1-13所示：将t_2℃时等质量的甲、乙、丙三种物质的饱和溶液，降温到t_1℃时，三种溶液中溶质质量分数的大小关系_____；三种溶液中析出晶体的质量的大小关系_____。

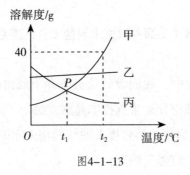

图4-1-13

2. 学生活动

感受食盐的结晶，通过完成导学案的练习题，复习溶解度曲线的应用和结晶方法。

设计意图：复习溶解度曲线定点和动点知识应用：交点，线上下的点，溶解度和溶质质量分数的大小对比，饱和与不饱和的转化和结晶方法等知识。结合溶解度曲线进行定点和动点的典型题目方法建构，帮助学生形成溶液的"图像表征"。培养学生科学思维，化学观念的核心素养。

四、以情境引领知识结构化的深度学习的教学设计策略

课堂教学永远是学生学科能力形成和发展的主阵地。知识的传授，能力的培养也不能仅停留在对新授课的研究上。基于以上认识，我尝试从复习课入手，以情境线和知识线为明线，引导学生通过复习自主建构知识网络，通过实验探究和学生自主解决问题的环节设置，让学生明确解决问题的一般思路和方法，促进隐形素养线的发展。

基于建构主义理论、情境认知理论、化学课堂教学情境创设原则，拟从情境与教学背景、教学目标、教学内容、教学效能的关系等方面，利用化学实验、游戏、故事、化学史实、新闻报道、古诗词、广告词等多个方面的情境素材，以及人教版和科粤教版初中化学教材中的情境素材，探索以情境引领知识结构化的深度学习的课堂教学的有效策略。

（一）实验情境教学的策略

在初中化学实验教学中，通过创设针对教学目标和教学内容的化学实验教学情境或探究性实验情境，让学生以小组为单位，通过猜想、计划、实验验证、总结、评价等形式，对相关理论知识有更为深刻的认识与记忆。例如，本课例通过嵌入学生分组实验教学情境："在室温下，分别向装有1g、5g氯化钠的试管中，加入10mL的水，震荡，观察溶解情况"。引导学生观察与思考：溶解情况？溶液是否饱和？如何判断溶液饱和？如何相互转化饱和与不饱和溶液？再次通过嵌入学生分组实验教学情境："向不能确定饱和的溶液中加入少量氯化钠固体；加入一定量的水将试管中未溶解的固体全部溶解"。让学生亲身经历溶解氯化钠的实验操作过程，帮助学生建立溶液的实验表征，自主辨析饱和溶液与不饱和溶液的判断及转化，加深学生对溶液知识的理解，培养学生科学探究与实践的核心素养。

（二）问题情境教学的策略

教师在化学情境教学中，可以利用问题情境提高学生的思维能力，激发学生求知欲，点燃学生的学习激情，促使学生在情境中主动发现问题并提出质疑，积极讨论并找到问题的解决方法。需要注意的是，教师提出的问题情境，一定要从教学目标出发，联系学习内容，针对学生的最近发展区进行问题提问，这样才能够挖掘学生的潜在能力，提升学生的化学学习质量。

本课例通过选择能串联起章节重点知识点的问题情境，以层次分明、视角

多维的问题链，引导学生用已有的知识去主动探究，以此逐步深化学生对知识的理解，构建知识体系。

（三）生活情境教学的策略

在复习阶段，枯燥乏味的习题练习会降低学生的学习兴趣，致使复习效率低下。教师可以通过选择能激发学习欲望的生活情境，能激活课堂的生活背景，能活化学科知识的生活经验，能让学生领悟知识价值的生活应用，将复习内容与生活中的情境相联系，让学生在有趣的情境中，主动回忆知识，发现自己的知识漏洞，解决存在的学习问题，让学生在知识的探索和分析中发现化学魅力。例如，本课例以井盐制作的生活情境线推动知识线的发展，在解读制盐工艺的过程中，带领学生感受中华民族灿烂的文化及古代劳动人民的智慧，培养学生科学态度与责任的核心素养。

本课不仅帮助学生梳理知识，还将知识情境化，找到化学知识在生活中的"影子"，让学生学会用知识解决实际问题，将知识内化为解决问题的能力。让学生在解决问题的过程中，既意识到化学在生活中的实用性和重要性，又巩固了知识，形成了知识体系，提高了运用能力，可谓一举多得。

五、结束语

以情境引领知识结构化的深度学习的课堂教学设计，其关键在于通过创设生活、实验、问题等情境，设置问题探究链，帮助学生构建知识体系，进入深度学习，落实核心素养。本课以制作自贡井盐的传统工艺、配制食盐溶液的实验为线，所设情境真实，贴近生活实际，并通过学生的分组实验探究把溶液的核心知识进行了整合，如此可帮助学生深度思考，完成整章的学习目标，进而可实现知识和素养的双落地。

参考文献

[1]李斌，刘建华.促进知识素养化的情境教学——以"溶液单元复习"为例［J］.化学教育(中英文)，2019（23）：18-22.

[2]崔杰.基于真实问题情境的单元整体设计——以"溶液"复习课为例［J］.教育实践与研究（B），2022（3）：50-52.

[3]王琳.落实核心概念功能价值演变的复习课教学——"溶液"单元复习［J］.化学教育（中英文），2022（19）：31-39.

［4］姜霞，陈誉立，袁开歆.深入内部找关联，促进知识结构化［J］.四川教育，2023（Z2）：59-60.

［5］邱陆艳.创设生活化教学情境　引领深度学习［J］.华夏教师，2022（31）：58-59+68.

［6］林桦，要明月.情境引领深度学习　实践应用促旧知新识——溶液单元复习教学［J］.化学教育（中英文），2023（1）：41-49.

［7］李思川.初中化学情境教学的策略探索［J］.中学课程资源，2022，18（6）：26-28.

（本文作者：阳山县教师发展中心　欧水波）

初中化学教学中核心素养的培养策略探究

化学是一门研究物质组成、性质和变化的科学，它与我们的日常生活息息相关。在当今信息爆炸的时代，学生的核心素养培养愈发重要。然而，传统的课堂教学往往偏重于知识点的灌输，而忽视了学生的科学思维、实验技能以及创新能力的培养。因此，如何在初中化学教学中培养学生的化学核心素养是一个亟待解决的问题。

一、夯实学生的基础知识

（一）引入生活例子加深理解

在化学教学中，引入生活中例子是一种有效的教学策略，不但可以帮助学生更好地理解基础知识，还能使学生感受化学与生活的密切联系，体现学科育人的价值。

质量守恒定律是初中化学中一个重要的概念，在学习过程中，可以选择与学生日常生活相关的例子来说明。例如，讲解质量守恒定律定义时，可以引导学生思考水变成水蒸气质量不变、铁生锈后质量增大、蜡烛燃烧时越来越短，质量变小，这些变化是否符合质量守恒定律？通过这些生活中的例子，学生可以直观理解质量守恒定律研究的对象是化学变化；"质量守恒"是指参加化学反应的各物质的质量总和等于反应后生成的各物质的质量总和，如沉淀、气体等都应考虑进去。"参加"意味着没有参加反应（剩余）的物质的质量不能算在内。学生对质量守恒定律的含义理解得更透彻了，运用质量守恒定律解决问题就能得心应手了，而这样的多角度解释既可以拓宽学生的思维，也培养他们的综合分析能力。

又如，学习缓慢氧化概念时，教师可以结合生活中苹果切开一段时间后就会变色、食物变质等例子讲解，并让学生提出一些防止食物变色、变质的方法，除了让学生更容易理解缓慢氧化的定义外，更能让学生体会化学与生活的密切联系及学习化学的实用性。

通过引入这些生活中的例子，学生可以将抽象的化学知识与实际生活联系起来，加深他们对基础概念和原理的理解。同时，这种联系还能激发学生的学习兴趣，使他们更加主动地参与化学学习，培养他们的观察力、思维能力和实践能力。

（二）实践促进理论理解

"实践出真知。"学生通过实践及动手实验，可以促进理论理解，也能提高理解力和解决问题的能力。

在理解燃烧概念的基础上，当被提问：什么是燃烧所必需的条件？学生对此提出了各种假设，例如燃烧需要有可燃物，一定的温度，以及氧气。然后，要求他们设计一项实验以验证自己的假设。刚开始，学生们对于如何设计实验方案感到困惑。然而，在老师的引导下，他们逐渐理解了实验设计的要素和过程。在教师的引导下，即使是基础薄弱的学生，也能够慢慢去悟。如一个基础较弱的学生也能提出了以下观点：如果将白磷放在试管中，它会燃烧，但如果放在热水中，它就不会燃烧，这个结果说明：燃烧需要氧气。之后，学生们进行了分组，每组根据他们设计的实验方案进行实验，从中学习和理解燃烧的条件，这个过程也极大地提高了他们的探究能力和解决问题的能力。

二、培养学生的科学思维

（一）提出引导性问题

在化学教学中，教师应该积极培养学生的提问能力，以激发他们的思考和好奇心，培养科学思维。通过提出引导性问题，教师可以引导学生主动思考，并通过实验和探究来找到答案。

例如，在学习酸碱中和反应时，教师可以提问："酸碱是如何发生反应的？"这个问题可以引导学生思考酸碱反应中发生的化学变化和反应实质。学生可以通过自主学习和研究，了解酸碱反应的定义以及中和反应中生成物的特点等相关知识。这样的引导性问题既激发了学生主动学习和思考的动力，又促使他们深入理解酸碱反应的原理。有价值的问题引导，可以培养学生的科学思维和解决问题的能力。

（二）引导学生进行实证研究

为了培养学生的科学思维，教师可以设计一些小实验或观察活动或家庭小实验，引导学生观察现象、收集数据并进行分析。通过实证研究，学生可以深入理解化学现象后的本质，并培养出科学探究和分析问题的能力。

以学习酸碱指示剂为例，教师可以设计实验让学生选择或自制不同的指示剂，观察其颜色变化。学生可以记录下不同酸碱溶液下指示剂颜色的变化，观察颜色的变化规律，并对数据进行整理和分析。通过这样的实证研究，学生可以深入了解酸碱指示剂的原理，掌握它们在酸碱溶液中的应用，同时培养出科学实验和数据分析的能力。

三、培养学生的实验技能

（一）系统的实验技能训练

实验是化学教学中培养学生实践能力的重要环节。教师应该有计划地对学生进行实验技能训练，包括观察、记录、操作和数据处理等方面。例如，在进行粗盐提纯实验时，教师可以引导学生仔细观察粗盐提纯实验过程中的变化，记录相应的数据，并进行数据处理和结果分析。通过这样的实验训练，学生能够掌握实验的基本技能，提高实验操作的准确性和独立性。

（二）引导学生进行设计性实验

为了培养学生的实验设计能力，教师可以引导学生进行设计性实验。例如，在酸碱盐复习时，教师可以提出一个问题，如"如何判断一个物质是酸还是碱？"这个问题可以引导学生思考酸碱性质的异同去设计实验来验证自己的想法。学生可以通过实验和观察，收集数据并分析，最终得出判断酸碱性质的依据。通过这样的设计性实验，不但加深对酸碱性质的理解，也让学生总结鉴别物质的一般思路，这样能够培养学生实验设计和问题解决的能力。

四、培养学生的创新能力

（一）创设开放性问题

在"二氧化碳制取的研究"一课中，教师充分利用学生的实际情况，通过开放性问题的引导，引发学生的思辨和探究能力。

第一环节：热身

在课堂开始时，教师利用一个实验室制取氧气的探究性习题作为热身。学生们将通过问题开始思考实验室制取气体的原理和装置的选择依据。问题可能包括：在实验室中制取氧气的步骤是什么？哪些装置可以用来制取氧气？它们各自的特点和优缺点是什么？等等。

第二环节：制取二氧化碳的研究

在进入对二氧化碳实验室制取的研究时，教师采用了探究活动的方式，让学生从理论和实验实际两个角度去找出适合实验室制取二氧化碳的药品。

第三环节：组装二氧化碳的发生装置

在这个环节，学生们分组讨论并组装二氧化碳的发生装置。在组装过程中，他们需要深入分析装置的优缺点，讨论不同装置的适用场景，并对装置进行优化改进，以提高二氧化碳制取效率。

第四环节：总结和归纳

在这一环节，教师引导学生归纳总结实验室制取气体的一般思路和方法。学生们将回顾整个实验过程，并总结出实验室制取气体的基本步骤和常用方法。然后，教师将引导学生小结实验室制取二氧化碳的药品、原理、装置以及检验和验满方法。

整个教学过程中，教师充分运用开放性问题，引导学生主动思考、自主探究，激发了学生的学习兴趣和创造力，使他们在实践中学以致用，提高了他们的实验技能和解决问题的能力。

（二）开展创新实践活动

为了培养学生的创新能力，教师可以组织创新实践活动，如对课本实验改进的创新比赛、科技节、科技创新大赛等。通过这样的活动，学生有机会将所学的化学知识运用到实际问题的解决中，并展示他们的创新成果。这样的实践活动能够激发学生的创新意识和动手能力，培养他们在化学领域中的创新精神。

如学生分组完成科粤版"氢氧化钠溶液与二氧化碳的反应"实验时，常出现操作不当导致实验失败、有些学生担心浓氢氧化钠溶液腐蚀手不敢放开进行实验等状况，教师要及时抓住这些"状况"一步步引导学生思考，改进实验，画出装置图，收集材料组装成实物装置，去实验室验证创新装置，在课堂上给学生演示并讲解他们改进实验的优点，通过这样的创新实践活动，学生不但加深了对所学知识的理解，也激发了学习化学的兴趣，更提高了学生的实验设计与实验探究的能力，培养了学生敢于质疑、敢于创新的科学品质。

五、结论

初中化学教学中的核心素养培养是一个系统工程，需要教师的精心设计和实施。通过夯实学生的基础知识，培养科学思维、实验技能以及创新能力，可以有效提升学生的化学学科核心素养。教师应该注重课堂教学的启发性和趣味性，激发学生的学习兴趣和探究精神。只有如此，才能培养出具有科学素养和创新能力的化学人才，为未来科学发展做出贡献。

参考文献

［1］赖汉锦，陆良杰.初中学生化学核心素养现状与思考［J］.化学教与学，2022（1）：30–32+59.

［2］梅元锦.以核心素养为基础的初中化学深度学习探究［J］.课堂内外，2022（Z1）：64–66.

［3］李海山.谈核心素养理念下的初中化学教学模式创新［J］.学周刊，2022，28（28）：105–107

（本文作者：阳山县黄埔学校　周莲英）

初中地理教学中学生问题意识的培养

我国著名教育家陶行知曾说："发明千千万，起点是一问"。这句话揭示了教学的一个重要任务——培养学生的问题意识。问题意识是创新精神的基石，是创新人才的思维动力，可以说没有问题就没有创新。河南大学教育科学学院赵国权教授曾对部分中小学生及大学生做过一次调查，发现我国学生大多患有"问题意识缺乏症"，而且随着年龄的增长，发现问题和提出问题的积极性越来越低。教学任务或活动的设计要多为学生提供自主探究和合作学校的机会，预留足够的时间让学生理解、交流和发现问题，鼓励学生大胆质疑并提出自己的看法，主动探索自己感兴趣的地理问题。由此可见，培养学生的问题意识尤为重要。学生有了问题，思维才会有方向，有了问题，思维才会有动力。那么，在地理教学中，教师应该如何培养学生的问题意识呢？

一、营造氛围，让学生敢问

美国著名教育家布鲁巴克说："最精湛的教学艺术，遵循的最高准则，就是学生自己提问题"。然而在传统的课堂教学中，以教师为中心，教师以"讲"为主，喜欢"一言堂"，学生经常出现有疑不敢问。一方面，一些学生知识面不广，视野不够开阔，性格较为内敛。在平时的课堂教学中，很多学生的状态是老师教什么就学什么，学习十分的被动，缺乏师生问、学生问的互动与交流，这违背了教师是学生的合作者、引领者的课标精神。另一方面，学生回答错误或是问得不好，担心受到批评和嘲笑。教师应改变观念，转化角色。在课堂上，教师要营造一个宽松和谐的教学氛围，要以微笑的面容、期待的眼神、亲切的话语、饱满的激情去感化学生，亲近学生，从而消除学生的畏惧心理，鼓励学生主动提出问题。而且不管学生的提问正确与否、质量高低、都要肯定他们提问的积极性，保护其参与学习的勇气。

实践也证明，只有营造民主、和谐、宽松的课堂教学氛围，鼓励学生勇于质疑问难，才能让学生真正体会到自己是学习的主人，才能积极参与到学习过程中，变被动为主动，才能让学生敢说、敢想、敢问。

二、创设情境，让学生想问

孔子曰："不愤不启，不悱不发。"学生问题意识的培养不仅有赖于一定的知识基础、适宜的外部环境，还依赖教师高超的教学技能，通过多种手段创设新颖的问题情境。问题情境能使学生处于"心欲求而不能"的状态中，激发学生的好奇心和求知欲。教师根据学生的认知发展水平，结合已有的知识经验，创设有价值的生活情境或问题情境，引导学生进入"愤"、"悱"状态，提高学生探究和解决问题的兴趣，唤起质疑欲望。如在学习"冷热不均引起的大气运动"时，我播放视频《三国演义》中"诸葛亮在葫芦谷火烧司马懿"。

在上方谷一战中，诸葛亮用粮草为"饵"，让魏延将司马懿引到上方谷，然后堵住两条出口，将其困在其中。诸葛亮见司马懿被困，一声令下将事先在上方谷布置好火药和油点着，瞬间上方谷就变成了一片火海，此时司马懿的军队犹如瓮中之鳖。就在他准备拔剑自刎时，忽然天降大雨。不一会山谷里的火就被熄灭了，司马大军因此军心大振，一股气杀出重围⋯⋯

通过情境创设，学生自然而然就会想：为什么突降大雨救了司马懿一命，是诸葛亮失算还是司马懿命不该绝？还是⋯⋯

又如，在讲《产业转移》时，教师给学生展示了以下材料：

富士康科技集团于1988年落户深圳，2012年富士康决定，保留深圳作为富士康在中国大陆的制造总部，将贸易、科技总部迁至商业氛围最浓的上海。2015年，富士康又将IT零部件加工厂迁至郑州，郑州市为迎合富士康的快速迁入，市政投资为其修建厂房、员工生活区，并帮助培训新员工。

表4-1-3

地区	2008年月工资平均水平/元	2016年月工资平均水平/元
深圳	1516	4285
上海	3292	6504
郑州	1153	3166

（数据来源：深圳市统计局/上海市政府新闻办公室/郑州市统计局）

然后要求学生结合所学知识及材料，提出问题。学生通过图文材料，问题呼之欲出："影响富士康三次产业转移的原因（因素）是什么？"然后让学生互问互答，不仅达到预期的学习任务，也促进学生问题意识的培养。

三、互动交流，让学生乐问

建构主义认为，知识不是通过教师传授得到，而是学习者在一定的情境中，借助他人（包括教师和学习伙伴）的帮助，利用必要的学习资料，通过意义建构的方式获得的。在地理教学中，教师应根据课标要求，多渠道搜集相关的信息，整合教学内容，创设新颖的教学情境，让学生乐于发现问题，并提出自己关心、想知道的问题。例如，在学习高中必修三"区域农业发展——乡村

振兴"一节时，陈沛廷老师给学生展示了阳山本地的相关资料（如下）

材料一：阳山县位于南岭山脉南麓，连江中游，广东省西北部。境内地形复杂，山地约占全县总面积的90%，盆地及冲积平原约占10%，海拔在50—1902米海拔，千米以上高山有150多座，属于典型的喀斯特地貌，石灰岩溶洞众多。山地森林资源丰富，生态公益林面积全省最大。阳山县属亚热带季风气候，受地形影响，垂直温差达9℃—10℃。境内小河流众多，全县水力资源蕴藏量达50万千瓦，位于全省前列。

材料二：西洋菜性喜冷凉，怕热，耐寒力较强，能忍耐短时间的霜冻，地区适应性强。生长发育适温为15℃—25℃，以20℃为最好，低于15℃则生长缓慢，超过25℃品质变差。西洋菜分枝多，供应期长，产量高。

二十世纪八十年代，阳山鱼水村开始水栽西洋菜，产品多是以较低价格走向市场。后来鱼水村引进旱生西洋菜，旱作西洋菜种植基地普遍安装水肥一体（将肥料溶进水里）的喷灌系统，效益更佳。鱼水村水、旱两种栽种方式的西洋菜均是用常年水温保持在18℃—20℃的山泉水灌溉，四季皆可种植，以越夏栽培为主。

近年，鱼水村实行公司+农户运作模式，西洋菜生产规模日益扩大，产品主要销往粤港澳大湾区等地。生产基地采用病虫害绿色防控技术（太阳能杀虫灯和黄色诱杀虫板实施绿色防治病虫害）和"数字化管理系统"（基地田头安装温度、湿度、地力等感知设备收集信息传到系统）进行生产管理。购置冷藏机、清洗机、烘干机等设备，建成加工厂房，将西洋菜加工成西洋菜干，还着力推进特色农产品生产基地与旅游观光农业同步发展，利用电商销售和多种形式进行宣传。

学生根据所学知识，围绕"区域农业发展"这一主题展开讨论，提出问题。面对熟悉的家乡，学生兴趣大增，互动交流，合作探究，提出了相当有质量的问题。

问题1：阳山县地形地貌对农业生产有哪些影响？

问题2：阳山县水力资源丰富的原因是什么？

问题3：与水栽西洋菜相比，种植旱生西洋菜具有哪些环境效益？

问题4：说明鱼水村"阳山西洋菜"地理标志品牌形成的地理条件是什么？

问题5：分析阳山县在发展经济方面应采取哪些可行性措施？

随着问题的提出，学生为家乡出谋划策的兴趣更浓了，讨论更为热烈，不仅归纳出当地发展优质西洋菜的区位条件，并为家乡的发展提出好些具有建设性的措施。

学生通过互动交流，合作探究，使本课的学习更为深入，课堂气氛活了，学生的思路开了，问题意识也加强了。

四、示范引领，让学生会问

在教学中，教师精心创设了各式各样的问题情境，但会提出问题的学生总是极少的，其主要原因是学生发现了问题，但不知怎样提出来。这时教师应示范引领，创造机会让学生拾级而上，从地理的基本要素入手，指导学生依据背景材料思考发问。即"是什么"（地理事物、特征、现象）、"在哪里"（地理位置、区域）、"什么时候"（季节、月份）、"为什么"（地理原理、成因、影响因素）"怎么办"（对策、措施），点燃引发问题的思维之火。

例如，学习"自然地理环境的差异性"时，在师生共同归纳了"水热变化"是地理分异规律的主导因素后，教师指导学生阅读"世界陆地自然带分布"图，观察热带雨林带的分布，引导学生从"水热变化"思考问题，启发学生：发现了什么问题，请提出来。然后学生读图、提出并解决问题。

问题1：热带雨林带主要分布在哪里？为什么？（分布在赤道及其南北两侧，全年受赤道低气压带控制，盛行上升气流，高温多雨。）

问题2：为什么赤道穿过的非洲大陆，西部是热带雨林带，而东部却是热带草原带？

（赤道穿过的非洲东部是东非高原，海拔高，空气上升减弱，没有形成热带雨林气候。）

问题3：在南半球南回归线附近，形成了哪三个热带雨林带？其成因与热带雨林附近的热带雨林有何不同？

（马达加斯加东部、澳大利加大分水岭东北侧、巴西高原东南部，属于非地带性规律；前者受东南信风的迎风坡沿岸暖流影响，后者终年受赤道低气压带控制。）

教师示范引导，可训练学生发现更多提出问题的视角，让学生突破思维定式，学会提问。

实践证明，只要教师在平时课堂教学中坚持有意识地培养学生发现问题和提出问题的能力，善于示范引导并加以方法指导，学生通过长期的训练，问题视角将会增多，学生的问题意识便能得到加强。

参考文献

段玉山.地理新课程教学方法［M］.北京：高等教育出版社，2003.

（本文作者：阳山县教师发展中心　王春荣）

乐器教学在初中音乐课堂中的探索与实践

乐器教学有利于培养学生学习音乐的兴趣，提升对音乐的表达、理解与创造能力起着非常重要的意义。美国著名的音乐教育心理学家詹姆士莫塞尔指出："乐器教学可以说是走向美好体验音乐的桥梁"，但是事实上就是一个十分广泛的音乐学习领域，在这个领域里面它为初中的音乐学习提供了有价值的资源。乐器进入音乐课堂，可以丰富教学内容，也给我们教学注入了新的血液，同时培养学生积极学习音乐的兴趣，让他们通过乐器学习，然后进行自我表现，让音乐教学充满活力，让音乐课释放出美丽动听的旋律。

一、展示乐器的精彩，激发学生对音乐的感知性

在课堂上展示乐器，让学生了解乐器的独特魅力，进而激发学生对音乐的认识，这样一来教学才会取得最佳的效果。当然，乐器课堂教学也并不排斥少数有兴趣爱好特长的学生进行自我表现，如安排他们演奏、活动课的时候让他们独奏等，不仅可以满足学生的自我表现欲望，也为其他学生提供了相互学习与观摩的机会。

例如，在教学花城粤教版《艺术·音乐》七年级下册小提琴独奏曲《思乡曲》的时候，首先通过对小提琴的照片和演奏视频的展示，让他们去感受乐器的声音色彩，他们在观察的过程中，对乐器进行分析和思考，对于不懂的，他们会大胆地提出自己的见解。随后我再对小提琴独奏曲《思乡曲》涉及的知识点进行分析与讲解。因此，音乐学习的时候，教师要采用不同的方法给学生创设学习乐

器的机会，使学生走上舞台，在表演的过程中体验学习音乐的快乐，从而诱发学生学习的欲望，提升他们对乐器的感性认识，让乐器教学真正成为培养学生核心素养的有效策略。将乐器教学作为课题进行研究，让课题组成员在研究的时候去实践和探索。引导他们学习乐器训练的时候，要运用简单又容易的方法去训练他们。把乐器运用到音乐训练当中，经过乐器与歌曲相结合发动听的音色，培养对学生学习乐器的热情。

二、聆听乐器的演奏，激发学生对音乐的美誉

在乐器学习的时候，教师可以把乐器和节奏训练融合在一起，利用乐器使他们体验音乐旋律，以节奏训练加强他们对乐器使用方法的理解。在聆听乐器的过程中加强了他们的学习兴趣，又夯实了他们的音乐基础，并取得良好的教学实效。

例如，在学习简谱时，可以让学生做一个简单的比较：七个音节就是七级台阶，从下而上是do、re、mi、fa、sol、la、si。如果按照节奏上台阶，一节一节地往上升，利用钢琴弹出来，一个音节比一个音节升高，就可以让学生对"音高"有一个了解认识的过程，这样可以了解音高的含义，也可以掌握所学习的知识。再如，在学习花城粤教版《艺术·音乐》八年级下册《"第六交响曲"悲怆》的时候，《"第六交响曲"悲怆》所表达的是柴可夫斯基个人的悲惨遭遇，在开头的时候我们可以体验到乐器带给我们的震撼，在聆听乐曲的时候也会知道到作者的命运十分不幸。对学生心里冲击较强的乐曲作品，教师就要指导他们把自己的情感带进去，跟着乐曲的步伐让情感得到升华，在聆听乐曲作品的时候让学生的心灵得到思维上的碰撞。和理解这首乐曲中所表达的思想情感作对比，情感体验就十分重要了。只有当学生在情感上和作者的情感有重合的时候，他们才可以更好地欣赏作品，才能更深刻地认识音乐美。

音乐审美体验非常强。一些教师都会轻视学生在情感上的体验，让他们的学习没有那么快融入课堂中，那么以后就授课要避开一点。通过引领学生分析思考乐曲要表达的情感，又指导学生感受作品内在的魅力，让他们品味到音乐作品的美。

三、观赏乐器的原理，激发学生对音乐的熟悉性

音乐鉴赏是初中音乐课堂必修的学习内容，同时也是培养学生对音乐的

205

熟悉性，提升学生音乐欣赏能力的主要方法。音乐鉴赏要求学生有良好的艺术素质，包含有音准与节奏感、声感等。所以要让学生了解乐器的原理，这样在鉴赏乐曲的时候才会轻松自如。从课题申报成功以后，我们开展简单的乐器教学，组织学生参加各类音乐比赛。经过训练以后，学生的节奏感与表现能力有所加强，在鉴赏前通过乐器演奏使他们对鉴赏的乐曲更容易明白表达的含义，进而促进理解乐器的原理。在学习完授课内容以后，使他们以伴奏的方式对自己会唱的歌曲进行训练，不但能巩固所学习的内容，同时还可以构建活跃的学习氛围，提高音乐教学的实效。

因此，教师要利用乐器演奏进行鉴赏教学，他们尽情地演奏，全身心地投入到音乐之中。接着他们一边演奏一边体验乐器带给自己的快乐，他们可以主动积极地参与学习，在情感上产生共鸣。例如，在学习花城粤教版《艺术·音乐》八年级下册《吹竖笛（之三）》的时候，老师可以带领同学们用乐器吹奏《梅花三弄》，在实践过程中学会怎么样表达，让学生感受了将人们带到另一境界，强烈、动荡的节奏，大起大伏的旋律，表现了风雪交加的意境。运用高音区泛音的透明音色，演奏再现的音乐主题，经过风雪的洗礼，梅花更加香浓了。在高潮时，那高亢坚定的音调，突出了梅花迎风斗雪的坚韧的品格。自然也可以让学生产生心理上的共鸣，让他们的情感受到良好的熏陶，获得快乐的审美体验。

四、活用乐器的技巧，激发学生对音乐的审美性

在初中的音乐课堂中，学生有时候也会没有学习兴趣。这个时候教师就应该活用各种简易乐器进行教学，通过直观的教学，激发学生对音乐的兴趣。教师需要选择适合学生的乐器，这样学习效果才会有实效。乐器有强烈的节奏感，活用乐器可以活跃课堂气氛，调动学生学习的主动性。乐器不但可以提升理解所学习的知识，同时并有助于培养学生的节奏感。在教学中运用乐器还可以起到事半功倍的效果。用打击乐器为歌曲伴奏，不仅可以活跃课堂的学习氛围，同时有效培养他们学习的主动性。

例如，在学习花城粤教版《艺术·音乐》七年级上册管弦乐曲《火车》的时候，通过对管弦乐曲《火车》两个音乐主题的录音片段进行聆听，让学生感受音乐的轻松活泼、色彩斑斓，寓意改革开放后，中国飞驰前进，发生了翻天覆地的变化，以及人们的喜悦之情。

让乐器教学走进音乐课堂，有利于学生艺术形象的培养，提高他们的表达能力和艺术素养。

五、创新乐器教学模式，提升学生音乐创新能力

随着音乐教育理念的不断发展，教师不仅要关注学生的音乐知识和技能的培养，更要注重学生音乐创新能力的培养。乐器教学作为音乐教育的重要组成部分，同样需要教师在教学模式上进行创新，以适应学生发展的需要。

在音乐课堂上，教师可以鼓励学生尝试用不同的乐器组合来演奏同一首乐曲，或者引导他们创作自己的音乐作品，通过实践操作培养他们的音乐创新能力。同时，教师也可以引入一些现代音乐教育技术，如数字化音乐制作软件等，为学生提供更多的创作工具和平台，激发他们音乐创作的热情。

在创新乐器教学模式的过程中，教师还需要注重培养学生的团队协作能力。音乐创作往往需要多人合作才能完成，因此，教师可以组织学生进行小组合作，让他们在合作中相互学习、相互启发，共同完成音乐作品的创作和演奏。这样不仅可以提升学生的音乐创新能力，还可以培养他们的团队合作精神和沟通能力。

总之，乐器教学在初中音乐课堂中具有重要的作用和价值。教师应该积极探索和创新乐器教学模式，以提升学生的音乐创新能力为核心目标，同时注重培养学生的团队协作能力和音乐审美素养。只有这样，才能让学生在音乐学习中获得真正的成长和发展。

（本文作者：阳山县韩愈中学　陈秀英）

"教学评一体化"理念下初中美术教学策略

为了推动美术教育改革的实施，真正意义上释放出美术学科的育人功能，提升初中美术学科教学质量，需要在"教学评一体化"理念下开展美术实践工作，由此改善初中美术教学、学习、评价效果，激发学生的美术学习热情，唤

醒学生的艺术潜能，满足对学生美术核心素养全面发展的需求。

一、"教学评一体化"的发展现状

20世纪80年代，美国发起了一场声势浩大的教育改革，这场教育改革的要求"教学评"与课程标准同步发展。

20世纪90年代中期，日本教育家水越敏行等人提出了"教学评一体化"的教育理念，以后现代主义、多元智能理论、建构主义理论为凭证，该理论认为教学评价的目标是提升教学质量，有效改善教学方法，最终提升学习效率，促进学生学科综合素养的发展，教、学、评应该渗透到教学程序的全过程。"教学评一体化"是教与学、教与评、再教与学相互融合与循环的一种教育模式，是一种灵活学习、灵活教学、灵活评价的教学环节，是一种不断创新教学模式、学习模式、评价模式的教育活动。有异于传统的教师垄断课堂、学生被动接受知识的课堂模式，"教学评一体化"模式的势在于：可以提升评价教与学的目标达标率、创新程度，契合教与学的需求，并对整个教与学的内容进行深耕，使其不断地走向完善，丰富学生的学习活动，使教学与评价活动更加具有现实教育价值。

20世纪90年代中后期，英国一些教育工作者提出了"为了学习的评价"的理念，这一理念指出教师教学的最终目标在于促进学生提升学习效率，培养学生学科综合素养。之后，世界各地的教育工作者就"为了学习的评价"这一课题开展了较为深入的研究，从此之后，"教学评一体化"的教育理念逐渐走进我国基础教育阶段的学科教育中，在初中美术评价理论与实践当中开始被广泛应用。

崔允漷、夏雪梅于2013年在《"教一学一评一致性"：意义与含义》一文中指出："课程思维构建的历程中需要将关注的焦点聚焦于在目标统领下的教学、学习、评价等一系列活动"。课堂教学作为课程实践的关键性环节，在具体的课程实施中要遵循"教学评一致性"的原则，"在实际的教学活动中，教师的教学、学生的学习以及对学生学习的评价必须深度体现出目标的一致性"。由此，教师在教学设计工作中，要立足于现代学科素养培养要求，从多个角度去考虑"教学内容、教学方法、教学目标"是否合理，最终促进学习效果的实现。在初中美术教学活动开展的历程中教师要了解学生的学习状况和学习结果，以及引导学生完成学习任务，在此基础上还原真实的评价教学效果，进而使教师在后续的教学中不断调整教学方案，便于之后教学活动的顺利开展，最终达到"教学评一体化"的教学效果，以提升教学的质量与效果。

二、"教学评一体化"理念下初中美术教学策略的实施

（一）"教学评一体化"美术活动环节的打造

初中美术"教学评一体化"的实施过程中要以培养学生的核心素养为目标，以美术学科核心素养为本位开启美术教学活动，要在课堂教学中明确活动内容，构建问题情境，让学生在自主探索或者合作交流的过程中获取美术知识和技能，并将这些知识与技能应用到美术活动问题解决的环节中去，增强学生的美术活动意识，使他们构建起全面丰富的美术学习思维，提升艺术活动能力。与此同时，将评价融入每个课堂互动环节，将灵活教学、灵活学习、灵活评价融入每个教学活动，借助过程性评价增强学生的美术

学习效果，确保在第一时间发现问题并未学生有效解决美术问题的策略，实现培养美术核心素养的育人目标。

1. 如何教

对于初中美术的"教"，要打造出一流的课程内容，赋予课程内容主体化特征。主题内容的建设要具有单元化特征，单元学习活动要体现任务化方面特质，任务学习活动要设定出一系列的问题情境，使问题具备形象鲜明的情境化特点，情境化学习活动的打造要引入生活化元素，使教学评价趋于多元化、立体化、过程化，评价内容具有丰富性。

2. 如何学

对于初中美术的"学"，要鼓励学生积极开展艺术创作，寻求艺术灵感，利用师生合作活动这一平台，在参与艺术活动中获取丰富的艺术灵感，在解决一系列问题的环节中进入深度学习，为美术核心素养的发展奠定基础。

3. 如何评

初中美术活动中的"评"，要迎合三维目标，开启丰富性、多元化、多主体的评价模式，将评价环节嵌入美术教与学的活动中，丰富教学环节，为学生的美术学习带来全新而独特的体验。

（二）"教学评一体化"美术活动路径的实施

1. 课程方案模板

课程作为美术活动的主要元素，课程方案模板的设定要从课程标准以

及美术教材出发，结合学校的活动主旨、新教材内容、学生学情，制定丰富的学期课程模板，开启教学整体的规划设计。课程方案模板主要涵盖以下内容：单元结构、大概念、课时组织、课程梗概、活动要点、单元任务、评价要素等。

2. 教学设计模板

教学设计可以助力美术活动的开展，教学设计模板要以单元设计模板结构为原型开启设计，模板涵盖单元主题理论指导依据、教学背景方案、教学目标体现、美术活动环节、美术作业设计、艺术学习效果评价、教学特色研讨、课时教学活动等多个环节。这些环节包括教师艺术活动组织、学生艺术活动探索、艺术活动教学评价等，使教学活动评价可以顺利地嵌入美术活动的所有步骤中。

（三）"教学评一体化"美术活动案例分析

基于上述理论教学方案，开启颇具规模的美术活动实践。如以"色彩的对比"一课的实践活动所开启的主题美术活动"穿越时空遇见你——艺术作品色彩展出"。

在活动过程中，以广东省人美版七年级下册第4课内容为原型设定活动主题，在实践活动设计中，以大概念"主题美术创作"为轴心，以流光溢彩的丰富色彩元素"聚焦世界色彩美术作品展"为美术活动组织形式，开展了"艺术家对色彩的品位""中西方博物馆色彩锦集""色彩思维碰撞创意""多种色彩艺术的表述""色彩对比再提升""展作品添色彩"等多个美术课时的主题活动。

在这些活动中，建立起结构丰富的项目任务活动，由此构建起骨肉丰满的单元课程。评价活动主要涉及两个方面的内容：第一个内容属于学生在美术色彩创意活动中对于学习目标的完成状况、自我任务完成满意度所开启的自我评价、评价他人等内容；第二个内容为对于美术单元活动目标和美术核心素养推行状况所开启的自我评价、小组评价、教师评价等活动，活动评价以问卷调查、个人成长栏目、网络线上评价等多种评价形式为主。

三、结束语

基于"教学评一体化"理念的初中美术教学，有助于激发学生学习的美术兴趣，培养学生的艺术审美能力，提升初中美术教学质效，促进初中美术教学的可持续发展。在具体的初中美术教学实践中，要从根本上理解"教学评一体化"的概念，明确初中美术课程标准对教学评的要求，有效开展"教学评一体化"美术活动，使"教学评一体化"在初中美术教学中深度落实，为培养学生的美术综合素养，提升初中美术教学的质量与效果做出积极的探索。

（本文作者：阳山县太平中学　黄伙胜）

第二节　课堂优化实践反思

让评价在课堂教学中生辉

　　教师的课堂评价是课堂教学的重要环节，是评价方式中最直接、使用频率最高、影响最大的一种方式。评价对于教学目标的完成、教学活动的导引、教学信息的反馈、教学过程的调控等都有重要的作用。《义务教育语文课程标准（2022年版）》在"评价建议"中指出："语文课程评价包括过程性评价和终结性评价。过程性评价贯串语文学习全过程。""过程性评价应有助于教与学的及时改进。教师要有意识第利用评价过程和结果发现学生语文学习的特点与问题，提出有针对性的指导意见，促进学生反思学习过程、改进学习方法。要依据评价结果反思日常教学的问题和不足，优化教学内容，改进教学设计，调整教学策略，完善教学过程。"

　　作为不同的个体，每一名学生都会有自己独特的感受，教师如何扮演好自己"裁判"的角色，让课堂评价更加科学合理呢？这就需要教师在课堂教学中认真倾听，善于以敏锐的眼光来捕捉，以睿智的心灵去考查。盘活课堂教学，营造和谐氛围，激发学生情趣，引领多向思维，下述三个方面需要在课堂评价中认真体会。

一、发自内心，赞赏激励

　　在课堂教学中，评价的目的不仅是为了给学生一个分数或者等级，更重要的是通过评价反馈学生的学习情况，指导学生的学习方向，促进学生的学习。因此，教师在进行评价时，要明确评价的目的，要发自内心地鼓励学生，确保评价的导向性。

教师在评价时要做到以激励为主，注意学生的情感效应，这样才能保护学生的自尊心，激发他们的上进心，调动他们的积极性，这样才能培养他们的学习兴趣。教育的本质在于唤醒、激励和鼓舞，生命因欣赏而美丽，这是教师课堂评价的出发点，也是所有教育行为的出发点。以诚相待、以心交人，真诚地评价学生，才能打动学生的内心，让学生感受到老师眼中有自己，从而进一步激发学习的热情。在课堂教学中，许多教师习惯了用"好""不错"等进行评价，这种评价欠缺趣味和活力，欠缺灵魂和情感，欠缺一种想象和意境。教师应反思自己评价是否充满魅力，是否能激发学生情趣。

在众多名师的经典课堂中，可以听到许许多多鼓励的话语。比如在课堂上评价学生的朗读和质疑时，教师可以说："相信你能读得更好，再来一遍怎么样？"还可以微笑地对他说："这是你独特的想法，下面听听别人是怎么想的。"还可以表扬他："你一直在动脑筋，读书发现了问题，真是爱思考的孩子。"这些充满温情的话语创造出了亲切、体贴、尊重的言谈方式，激励了学生上进心理。每一名学生都有他的"闪光点"，关键在于教师是否善于发现，发现了又能否及时鼓励。学生需要鼓励，尤其是一些后进生，他们同样渴望成功，可是他们身上没有优等生的光环，缺乏自信，甚至有些自卑。这时候，教师如果能适时地对他们予以鼓励，无疑会使这些学生感受到春风化雨般的温暖。当然，把"激励"完全等同于"表扬"，慷慨无私地进行赏识教育，一味地为学生叫好也是不对的。

二、抓住契机，因势利导

学习是一个学生逐渐认知的过程，教师应当以诱导学生思维为主，让学生在不断地思维过程中逐步从知识的一个台阶走向另一个更高的台阶。这就需要教师在课堂评价中要抓住契机，因势利导，这样才能不断引领学生知识的深化和思维的提升。课堂评价具有即时性、突发性，所谓"机不可失，时不再来"。教师要有一双慧眼，敏锐地捕捉并牢牢把握每一个适当的教学契机，及时给予恰如其分的评价，这样课堂教学才会高潮迭起，精彩纷呈，"抓住契机，因势利导"的评价是一种动态生成性的评价。

比如，我执教林莉的抒情散文《小巷深处》，文章叙述"我"出生一个月，就被遗弃，"被一个卖冰棍的瞎眼姨娘收养"。养母虽然眼瞎，但有一颗善良的心。全文以"我"的感情发展变化为主线，从"我"对生活的满足，为母亲而骄傲，写到"我"长大后对贫穷的家产生厌恶进而离开家，最后以"我"被母亲深深的爱所感动而悔悟流泪结尾，向我们展现了盲母亲的艰辛、痛苦和对孩子深沉无私的爱。这篇文章环境与细节描写都很成功，感染力强，使学生深受感动。但在分析人物形象时，有的学生却用到"瞎眼婆姨""盲女人"等字眼，虽然这些词在文章中出现过，但那是作者在未体会到母爱的博大深沉之前以一个世人的庸俗的口吻"转述"的。如果学生也用这两个词语来形容这位伟大的母亲，显然是不合适的。这时我因势利导，以"'盲女人''瞎眼婆姨'这两个词用在这里恰不恰当"为话题，组织大家展开讨论，然后请大家发表见解。最后同学们得出的结论是，"盲女人""瞎眼婆姨"是含贬义的，这与作品的思想内涵是相悖的，我们应怀着一份感动和良知，换成"妈妈""母亲"或"伟大的母亲"等词语。通过这一问题的探讨，同学们既加深了对作品的理解，也感受到做人的道理。

教师可以通过设计有针对性的评价任务，引导学生关注学习过程中的关键知识点和技能点。教师还可以根据学生的实际情况，调整评价的难度和深度，以确保评价能够真正反映学生的学习水平。此外，教师还应注重评价的及时性，及时给予反馈，帮助学生及时纠正错误，明确下一步的学习方向。

三、适当延时，拓宽思维

学生的学习应当是在教师的"引导"下一步步渐入情境，教学评价也是如此。及时评价是任何一位有经验的教师所熟知的，因为及时性评价易于让发言的学生个体享受思考的愉悦、成功的快感以至步入乐思、善思、持续发展的良性轨道。延时评价就是教师对学生正在交流的问题，不立即给予肯定或否定的评价，而是以鼓励的语言，期待的态度，让更多学生驰骋想象，畅所欲言，然后适时以更好的方式予以归纳评价。人们由于受思维定式的影响，新颖、独特、有创意的见解常常会出现在思维过程的后半段。因此，教师不要过早地作出倾向性的评价，而是应给学生思维的展开和探究的深入提供更为充足的空间。教师在课堂上倘若过早地对学生的回答给予终结性评价，势必就会阻断了学生的探究与思索，扼制其探索的欲望，打击学生的学习积极性。

比如，听一位教师讲授陶渊明的《饮酒》一诗，教师设置了这样一个问题："你认为'采菊东篱下，悠然见南山'中哪个词用得好？试简要分析说明。"设计此问题的目的在于让学生理解古人作诗的"炼字"艺术，经过短暂的讨论后，一个学生站起来作出较好的回答。教师听后情不自禁地表扬道："非常正确，答案居然和老师想要给同学们展示的答案差不多，你太棒了！"接着又问："其他同学有没有不同的看法？"教师本以为经自己这么一鼓励，会有更多的学生发言，哪想班级没有一名学生发言。其实道理很简单，课堂上教师过早对一个可能有多种答案的问题给予了终结性的评价，自然扑灭了其他学生创新思维的火花。

另外，教师可以通过口头评价、作品展示、实践操作等多种方式进行评价。这些评价方式不仅能够更加全面地了解学生的学习情况，还能够让学生在评价过程中展示自己的才华和特长，从而增强学生的自信心和学习动力。

课堂教学，作为教育教学的核心环节，承载着传授知识、培养能力、启迪思维的重要使命。而评价，作为课堂教学的重要组成部分，其重要性不言而喻。有效的评价不仅能够激发学生的学习兴趣，还能促进教师教学方法的改进，进而提升整个课堂教学的质量。因此，如何让评价在课堂教学中生辉，是每一个教育工作者都需要深入思考和实践的课题。

参考文献

中华人民共和国教育部.义务教育语文课程标准（2022年版）［M］.北京：北京师范大学出版社，2022.

（本文作者：阳山县教师发展中心　刘大伟）

例谈初中数学高效课堂教学应具备的几个因素

数学课堂是学生获得数学知识，形成数学能力和数学观念，提高数学整体素养的主要阵地，高效课堂教学的关键在于提高课堂效率。根据多年的教学经验，我认为一节高效的数学课应具备以下四个因素。

一、设定恰当的教学目标

制定准确恰当的教学目标是高效课堂教学的重要前提。教学目标是教学活动的出发点和最终归宿，它决定着教学活动实施的基本方向，具有导向、评价、激励和调节作用。过高过大的目标，学生通过努力也无法达到，就会大大打击学生学习的自信心，对数学的学习产生畏惧心理，结果是适得其反。过低过小的目标，学生只需稍加思索，不费吹灰之力便可达成，上、中层学生因为目标不具有吸引力而精力分散，出现"吃不饱""不想吃"的现象，结果是事与愿违。过高或过低的教学目标，不但起不到应有的作用，而且会影响教学过程中师生的积极性，结果失去了制定教学目标的意义。

例1 在讲授北师大版数学九年级（上）"4.8图形的位似"一课时，把该课时的教学目标定为：

1. 了解位似图形及其有关概念，能够利用位似将一个图形放大或缩小。

2. 经历位似图形性质的探索过程，进一步发展学生的探究、交流能力以及动手、动脑、手脑和谐一致的习惯，并且在学习和运用过程中发展数学应用意识。

3. 培养学生动手操作的良好习惯，以积极进取的思想探究数学学科知识，体会本节知识的实际应用价值和文化价值。

这样设定该课教学目标主要是基于以下考虑："4.8图形的位似"一课的教学内容，展示了丰富的以社会生活为背景的素材，使我们感受到数学创造的乐趣，但它与后续学习的知识联系不是很大。所以我认为，本节课的教学内容应以教材的编排为准，概念、性质、应用等让学生容易接受就好，不必拓展和深化，只需用"观察—验证—推理—交流"的方法，培养学生主动探求知识的精神和思维的条理性即可。

二、选取合适的教学内容

教学内容的选取，决定了学生将在一堂课中学到什么知识，掌握了哪些方法和基本技能，因此数学的有效教学中，教什么远比怎么教更重要。合适地选取教学内容应注意以下三个方面：

（一）创设恰当的问题情境

新课的导入占用的时间过长，就会主次不分，喧宾夺主，影响正课的学习，所以新课导入一定要简洁高效，形成真正的导入"情境"，在本质上刺激和引起学习主体主动作出反应，并进入一种"心求通而未得"的心理境界。

例2　在教学北师大版数学七年级（上）"3.4整式加减（2）"这一节，笔者创设了这样的情境问题：

（1）一辆公共汽车原有x人，第一个站上来y人，第二个站下去z人，问公交车上还有几人？（用两种算法）

（2）小明带了a元钱去超市购物，先后花了b元和c元，问他还剩下多少钱？（用两种算法）。

问题布置下去后，很快学生们得到结果了：（1）$x+(y-z)$，$x+y-z$；（2）$a-(b+c)$，$a-b-c$。笔者问：每小题得到的算式有什么关系？引发学生的思考，并通过讨论交流，最终得出结论：两个算式的结果是相等的。此时，学生已初步体会到去括号的必要性，在此基础上，引导学生观察等式"$x+(y-z)=x+y-z$"和"$a-(b+c)=a-b-c$"两边，从左边是怎样得到右边的。最后让学生归纳出去括号的法则。

通过创设这样一个充满生活气息的趣味性浓厚的问题情境，不仅大大地激发学生探索的兴趣和热情，而且在问题的提出与解决中自然深入数学本质——去括号的法则的归纳。因而，这样的问题情境是恰当的，是高效的。

例3　在引入北师大版数学九年级（上）"正方形"一课时，这样说"前面我们学习了什么特殊的四边形，（待学生回答后）今天我们来学习另一种特殊的四边形——正方形"。在这里，采用了谈话法开门见山地引入新课，随即给出了正方形的定义，并明确本课时的研究方向为探索正方形的性质和判定。这样做，使学生能快速进入该课的学习，同时鼓励学生类比其他特殊四边形的学习，从图形的定义、性质及判别方法三个方面进行研究学习。

（二）用好教材中示范性强的例题

教材中的例题往往具有启发性和示范性，能体现出知识运用的基本规律，显示知识的最新的增长点和与旧知识的结合点。教学中如果能遵循少而精的原则，充分发挥教材的例题的作用，就能让学生掌握基本方法，有利于培养学生创造性地去解决类似的问题的能力和提高独立处理新问题的能力。

例4　在教学北师大版数学九年级（上）的"正方形"一课时，所选取的例题是教材中的例1。题目是：如图4-2-1，在正方形$ABCD$中，E为CD边上一点，F为BC延长线上的一点，且$CE=CF$，BE与DF之间有怎样的关系，请说明理由。

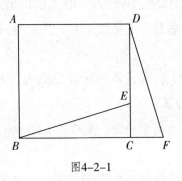

图4-2-1

本题是正方形的多种性质的直接应用。正方形的性质很多，本题主要用到正方形的四边相等，四个角都是直角。在解答时要求学生充分考虑正方形的各种性质用多种方法解决，能有效地促进学生熟练掌握运用正方形的各种性质。

（三）选取有针对性的练习题

在习题的选取时，需要考虑习题的价值与功能。一道题是为了帮助学生深刻地理解基本概念，还是复习巩固已学的定理、公式、法则呢？是重在加强学生解题格式训练，还是重点培养学生的逻辑思维能力呢……都应该有明确的目的性和强烈的针对性，这样才能确保课堂教学效果的高效。

例5 为了帮助学生深刻理解对顶角这一概念，我在引入对顶角的概念后让学生思考这样的一道题：

下列各图中，∠1和∠2是对顶角吗？为什么？（射线OA是活动的）

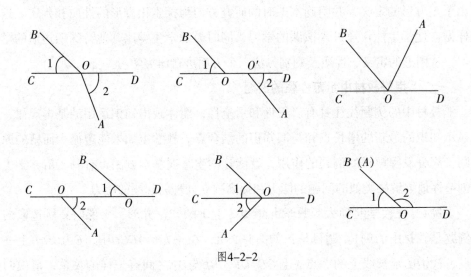

图4-2-2

这道题给出了对顶角的正反例，学生通过在图形中辨认对顶角，逐步掌握其要领，从而能有效深刻理解对顶角这一概念。

例6　为了让学生深刻理解三角形内角和定理的两个推论，我选用了如下习题：观察图4-2-3，回答问题：

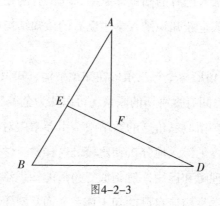

图4-2-3

① ∠AED是_____的外角，

② ∠AED=_____ + _____；

③ ∠AED>_____；

④ ∠AFD是_____的外角；

⑤ ∠AFD=_____ + _____；

　　∠AFD=_____ + _____ + _____.

⑥ ∠AFD>_____

学生通过该组层层递进的针对性习题，把三角形内角和定理的推论这一知识的应用逐步上升到一定的高度，自然而然地突破了本节课的教学难点。

三、注重新旧知识间的联系

一切客观事物都是相互联系的，因而，作为反映客观事物的数学概念、数学定理、数学公式、数学法则也是互相联系的，在一定条件下可处于一个统一体之中。初中数学教材分成"数与代数""图形与几何""统计与概率"和"综合与实践"四个模块，每个模块的知识都以螺旋上升的原则分布到三个年级中。因此，在每个模块内，知识是存在密切的关系。在教材中也不难发现模块之间的知识也有着千丝万缕的联系。课堂教学中，教师要善于引导学生在解题或知识归纳时发现新旧知识间的联系，让学生体会知识的系统性，感受数学整体和谐的美感。

（一）新旧类比，有机结合

奥苏贝尔说得好："影响学习的最重要的因素是学生已经知道了什么，要根据学生的原有知识状况进行教学"。衡量学生是否掌握知识的标准之一是学生是否能够把新知识融入已有的知识体系中，和已有的知识建立联系。因此，在教学新知识时，应该把新知识纳入学生已有的认知结构中去，体会知识的系统性。

例7　因为相似三角形与全等三角形在知识结构、知识的呈现形式都有很大的类似，同时，两者之间有很密切的联系，可以认为全等三角形是相似比为1的相似三角形。所以我在相似三角形的教学中，引导学生对两者之间的定义、性质和判定的异同都进行了深入地分析和比较。这样做，学生对新知识相似三角形的各种性质判定的理解和运用，对相似三角形的知识结构都有了一个深刻的理解，不仅可以帮助学生构造自己的知识体系，而且对于知识的正迁移的产生也有一定的积极作用。

（二）适时拓展，自然渗透

根据数学知识的内在联系，利用学生已掌握的知识，在教学实践中，适时地作适当的拓展，能有效地为后继学习做好铺垫。

例8　在应用三角形内角和的知识时，我设计了一道这样的习题：如图4-2-4，已知，$DE /\!/ BC$，且$\angle ABC=60°$，$\angle C=40°$，求$\angle D$的度数。

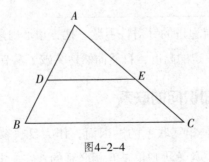

图4-2-4

这样设计可以让学生在运用三角形内角和定理的同时，复习运用平行线的性质，感受到知识间的联系。

四、注重数学思想方法的渗透

掌握基本数学思想方法能使数学知识更易于理解与记忆，加强数学思想方法的教学，对于培养学生的"四基""四能"，提高学生的核心素养具有重要的作用。知识的发生与发展过程，实际上也是思想方法的发生过程。如概念的形成、结论的推导、方法的思考、问题的发现、规律的被揭示等，都蕴藏着向学生渗透的数学思想方法，是训练思维的极好机会。所以在知识发生与发展过程中，适时渗透数学思想方法的教学，是高效课堂的重要保障。

例9 在讲解北师大版数学九年级下册第三章圆周角和圆心的关系：在同一个圆中，一条弧所对的任意一个圆周角的大小都等于该弧所对的圆心角的一半。为了验证这个猜想，可将圆对折，使折痕经过圆心和圆周角的顶点，如下图，这时可能出现三种情况：

（1）折痕是圆周角的一条边，

（2）折痕在圆周角的内部，

（3）折痕在圆周角的外部。

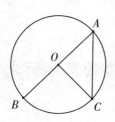 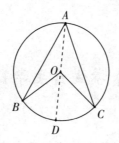 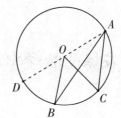

图4-2-5

进行这一性质的验证时，引导学生分三种情形来进行分析、讨论、探索，从而掌握这一性质的推导过程，让学生通过分类的数学思想更深层地了解它的本质和一般性。

例10 在探索四边形的性质时引导学生运用化归转化的思想，把四边形中的边角问题转化为三角形的全等及相似问题。

此外，初中数学教学中还经常用到类比、数形结合、方程、函数等思想方法。总之，数学思想方法是数学的灵魂和精髓，在课堂教学中，注重向学生渗透数学思想方法，能让学生自觉地运用数学思想方法去分析问题、解决问题。

一节高效的数学课堂，要具备的因素有很多，包括设定的恰当教学目标、选取合适的教学内容、注重新旧知识间的联系、注重数学思想方法的渗透，此外，还要考虑如何激发学生学习的兴趣、采用恰当的教学方法，课堂组织的形式等方面的因素。总之，构建高效课堂是当前推进素质教育、深化课程改革的关键和根本要求，只要教师在教学实践中加强学习、积极探索、深入研究，就一定能实现课堂教学的高效性。

参考文献

［1］冯晓燕.数学课堂导入优劣之我见［J］.中小学数学（中学版），2011（10）.

［2］李名龙.谈谈课堂练习的选择［J］.中小学数学（中学版），2011（10）.

［3］中华人民共和国教育部.义务教育数学课程标准（2011年版）［M］.北京：北京师范大学出版社，2012.

（本文作者：阳山县教师发展中心　欧阳红峰）

在课堂教学中培养学生自主学习习惯的策略研究

科学技术发展日新月异，社会竞争日趋激烈，这使自主学习能力成为现代人才应当具备的基本能力。在教育领域，伴随着教育改革的不断深入发展，新课改的"三维"教育目标、核心素养等教育理念，无不强调教师应当强化对学生自主学习能力的培养。诚然，学生在知识习得过程中，依靠他人手把手的指导，缺乏自主性，势必难以取得好的学习效果。初中阶段，数学作为一门抽象、逻辑严谨、应用广泛的学科，要想不断拓宽学生数学知识的广度和深度，教师应当有效地改变学生被动接受学习的现状，培养学生自主学习的能力，发展其数学核心素养。本文以初中数学教学为例，探索在教育改革背景下培养学生自主学习习惯的有效对策。

一、自主学习的内涵

所谓自主学习，是指学习者结合学习的需要，在没有教师或者家长指导的条件下，自主制定学习计划并严格实施的过程。自主学习包含四个主要元素：

自我管理、自我指导、自我评价和自我强化。在自主学习的过程中，学习者通过三个阶段完成学习过程：一是计划的制订；二是行为或者意志的控制，这一阶段是自主学习最为关键的一个阶段，学生需要结合计划或学习的需要，控制自己的行为或意志，立足学习目标，全力以赴学习；三是自我反思，学生对自己的学习方法、学习过程以及行为等进行深刻的反思，并及时调整和调节，以提高自主学习的效果。

二、自主学习的特征

（一）自主性

自主性是自主学习的基本特征，也是其最为显著的特征。所谓自主性，即学生在学习的过程中，不再依赖，而是可以结合学习的需要或者教师的任务安排，自主制订计划、明确目标，自觉而高效地完成学习任务。在学习的过程中，学生能够反思自己学习存在的问题与不足，能够充分认识学习的重要性。

（二）能动性

能动性是自主学习的重要组成部分。所谓学习的能动性，是指学习主体在受到内外部刺激的过程中，能够及时做出反应。能动性体现在自主学习的第二个阶段——行为或意志控制阶段。即学习者在面对不同的外部学习环境，仍然能够按照自己的目标进行自主学习，能够自觉抵制诱惑，有强烈的学习的愿望，努力而不逃避，积极主动学习。

（三）选择性

接收、加工、处理，是学习者接受信息的过程。在这个过程中，学生不是全盘接受所有的信息，而是按照自己的兴趣爱好、学习标准和目标等，接收自认为有意义的信息。所以，学生在自主学习过程具有选择性，是按照自己的需求来学习的。

三、在课堂教学中培养学生的自主学习习惯

（一）培养学生自觉倾听的习惯

在初中开展数学教学时，一些教师习惯采用合作教学模式。通过合作学习，要求学生不仅要认真听教师所讲的内容，还要学会倾听其他学生的声音。这样才能更好地和同伴完成合作。而且，聆听别人说的话、别人发表的意见也是一种文明礼貌的行为。在实际课堂中，学生存在着一定的差异性，一些学

生自控能力比较差。如果这些学生能够专心听讲，就需要一个比较漫长的过程。因此，教师要适当地丰富和变换教学的内容和形式，避免一些学生"开小差"，让学生在生动有趣的课堂中积极、主动地投入学习，从而逐渐养成自觉倾听的良好习惯。

（二）培养学生自主思考的习惯

在初中数学课堂教学过程中，培养学生自主思考的习惯能强化学生的数学逻辑思维。教师在教学过程中应重视培养学生自主思考习惯，结合学生的实际情况、数学学习水平及学习需求，创设能够引发学生思考的教学情境，激发学生主动探究的欲望和兴趣。让学生融入课堂中，潜移默化地培养学生的自主思考习惯及能力。

如在进行北师大版数学七年级下册第四章《三角形》的教学过程中，教师可以通过创设问题情境的形式促使学生思考："我们日常生活中有很多图形，哪种图形是最稳定的？"学生们可能会回答长方形、正方形等图形。教师在学生回答完成之后可以继续追问引发学生思考："大家都觉得正方形和长方形最稳定，那我们生活当中衣架、自行车等为什么是由三角形构成的呢？"问题创设出来后，引发了学生思考的兴趣，促使学生结合教师的追问陷入思考，继而对自己答案的正确性进行判断，从而进一步思考出正确的答案。通过创设问题情境，可以促使学生投入课堂教学过程中，跟着老师的思路思考，逐步养成自主思考的学习习惯。

（三）培养学生自主表达的习惯

为了能够更好地让学生养成自主学习习惯，引导学生自主表达也是一种很好的方式。数学新课程标准中，明确指出了要让学生表达解决问题的过程，能够解释得出的结果，而且要求学生能够学会使用数学语言进行交流，对于不懂的地方要大胆提出质疑。这种大胆的质疑和敢于指出错误的习惯是学生学习活动中的一项重要习惯，也是学生自主学习能力的体现。教师让学生进行表达，包含了让学生能够说出自己的解题思路和解题过程，同时也包括学生愿意积极主动地探讨数学话题、发表自己的观点和看法。

（四）培养学生自主反思的习惯

在初中数学课堂教学中，促进学生数学素养的提升是解决数学知识与学生认知矛盾的主要形式，教师应引导学生在遇到数学问题或解答数学题目的过程中一遍一遍地深入反思，深入题目中寻找数学问题的核心，转变以往对数学知识的错误认知，方便学生在新的数学认知中强化自身的数学思维。强化学生自主反思的意识，培养学生自主反思的习惯，有利于帮助学生深入理解和掌握数学知识的本质特征，是提高学生数学问题解答能力，促进学生数学学习水平提高的重要途径。

综上所述，在新课程改革背景下，初中数学教师应当本着"以学生为主体"的教育原则，积极改革创新数学教学模式，强化对学生数学自主学习习惯的培养，发展学生数学核心素养。

（本文作者：阳山县韩愈中学　叶兰香）

微视频教学资源在初中英语课堂教学中的运用

一、微视频教学资源的优势

微视频教学主要是利用微视频教学资源在英语课堂上进行学习和教学的一种表现形式。微视频主要来自网络平台上一些优秀的微课视频及教师根据授课所需自己制作的一些小视频，还有一些影视作品的节选片段。微视频教学资源具有形象化、片段化、时间短以及精确性的特点，所以比较受教师和学生的欢迎。

初中阶段的英语较小学而言，深度和难度有了质和量的提升，若还用传统的授课方式进行教学，学生的英语学习兴趣会大大减低，课堂听课率会降低，成绩上不去，因此初中英语教学课堂中引入微视频教学资源是十分有必要的。原因有三：其一，微视频资源为教师英语教学提供了多种途径，使学生的学习不再局限于课本，它通过网络平台为学生提供更多的学习资源，开拓了学生眼界和思维，为学习助力；其二，微视频资源的视频时长"微"，内容简洁精辟，视频给予学生各种感官上的触动，丰富了课堂体验，加深了学生对知识点的印象，有利于记忆；其三，微视频资源独有的娱乐性与互动性既顺应了时尚潮流，提高了学生接受度，又贴合了学生的心理特点，满足了学生的兴趣爱好。能够更好地为英语学习服务。

二、微视频教学资源在课堂教学中的运用

推进信息技术充分发挥现代信息技术对英语课程教与学的支持与服务功能，鼓励教师合理利用、创新使用数字技术和在线教学平台，为满足学生个性化学习需要提供支撑，促进义务教育均衡发展。信息技术因其便捷性和高效性成了英语课堂教学中的重要辅助工具，给教师和学生提供了更为丰富的学习资源，给学生的学习生活带来了较大的便利。微视频教学资源已经在很多学校得到了广泛的应用。我从三个方面分析其在当前英语课堂教学中的实践与运用。

（一）针对性使用微视频，丰富英语课堂内容

网络资源非常丰富可以极大地满足教师和学生的需求。教师把筛选过的与课文内容一致的优秀微视频资源合理地运用到英语课堂上，可以丰盈学生的学识，充实课堂内容。里面大量的信息和数据以及精彩画面，都吸引学生自主地在书中寻找共鸣，在学习课文的时候也变得更加流畅。例如，一些优秀的英语语法知识讲解或小结，这些教学视频能在英语课堂上对当堂所学知识点起到补充说明的作用。教师可以通过精挑细选，选择适合本班学情的微视频丰富课堂内容，确保此视频资源能帮助学生更好地理解知识，达到辅助教学、提高课堂实效的目的。

以仁爱版九年级上册Unit1 Topic1 Section A为例，这节课主要学习 "have been to 和have gone to" 的用法。课文中引用了世界各地的名胜古迹图片来让学生举例造句。教师可以用微视频教学的方式展示这些名胜古迹，让学生能够直观地体验各地文化和地域差异，学生会更积极地参与课堂学习。仁爱版九年级下册Unit5 China and the World学习了大量的中外名人名事代表人物和名胜古迹。我在英语课堂中播放了不少中国古往今来的名人简介视频和名胜古迹。名人包括：孔子、秦始皇、郑和、钱学森和袁隆平等；名胜古迹包括：长城、都江堰、港珠澳大桥、英国大笨钟等。此外还有我国古代的四大发明。

这些微视频在网络都很多，我挑选了一些概述性强，时间简短地在课堂中分享，学生不但能兴致盎然地上英语课，还能够快速地理解课文知识。相对于口头讲解而言，这种方式给学生留下的印象会更深刻。英语课堂也变得丰盈和充实。

（二）运用趣味性微视频，激发英语学习兴趣

兴趣是踏入学习殿堂的敲门砖。作为一门外语，在缺乏必要的语境氛围下要学好是有一定难度的。初中生有学科多兼顾不过来的情况时，很容易在英语学科面前打退堂鼓。为了激发学生的学习兴趣，教师可以挑选一些趣味性浓、

时尚感强或有创意的微视频融入课堂教学中丰富教学手段，增加课堂趣味性。

如仁爱版八年级上册Unit2 Topic1 Section A学习几种疾病的表达。单词量比较多，有have a cold，have a fever，have a cough，have a headache，have a toothache，have a backache，have a stomachache，have the flu。同学们很容易把这次词汇混淆、记错。鉴于这些单词比较适合用肢体语言展示，为此我在授新课前找了班里几个活泼好动的学生，录制了这些新词汇所对应的肢体动作的微视频。通过视频，学生能够很快懂得新词汇的意思，最难忘的时刻是看到自己的同学录制的视频被展示出来，全班学生都兴奋起来了，学习气氛特别高涨，学习兴趣迅速提高，学习效果立竿见影。

又如，仁爱英语八年级下册Unit7 Food Festival，这个单元以劳动教育为重点内容，最后学会用英语描述做一道美食的流程。我在授课之前就布置了一个课后任务：每人拍摄一个做美食的视频，自行配音、配乐。因此同学们学习的时候都特别认真，唯恐哪个表述环节出错。不久笔者就收到了各式各样的美食制作视频，琳琅满目，创意层出不穷。除了与课本相似的炒饭、煮面，还有煮糖水、做面点、煲汤等，有一个视频选用了"舌尖上的中国"背景乐做配乐，视频展示出来的时候，全班沸腾起来。我还把学生的微视频展示到公众号，分享给更多的家长和网友，学生劳动成果得到认可和赞赏，他们学习英语的积极性因此也得到极大的提高。

（三）微视频穿插课堂教学，优化课堂设计

微视频的特点就是其内容互动性强，精简到位。微视频教学资源在初中英语课堂教学中要想发挥积极的作用，首先要精心策划视频内容，或经过认真挑选，其内容须与教学内容相联系，使其作为一种教学辅助手段即可补充课堂教学内容，又可帮助教师优化课堂教学设计。教师在课前导入、课中讲解和课后小结的过程中，都可以尝试运用微视频资源，把冗长的口头灌输换成一个声、乐、图并茂的，学生感兴趣的微视频，使其优化教师的课堂设计，进而有效提高课堂质量。

如，在课前导学部分导入微视频，引出与本节课相关的学习内容，通过创设情景问题，引导学生顺利进入到课堂教学中，使学生能够在兴趣的指引下，对所要学的知识点有个完整的概念。仁爱版英语八年级学习将来时有个重点句型：What do you want to be in the future? 我运用了一个不到2分钟的微视频导入，内容是一首节奏感较强的Rap："A: What do you want to be in the future? B: I want to be a teacher/ doctor."生性活泼的学生被这首歌的节奏吸引，纷纷跟着节奏拍着腿跟着互动起来，句子很快被突破，学生接龙这句话的时候，没有卡顿，流畅度极高，效果让老师很满意。

又如，仁爱版英语八年级下册在小结If引导的条件状语从句这个语法点时，用传统的教学法往往需要老师在课堂上用10分钟时间或更长的时间讲解。我选取了一个不超过3分钟的微视频，用表格列举几个例子把"主　将　从　现"进行剖析和归纳，而后根据"主　将　从　现"的规律设计了几道练习题进行操练。这个语法点的初步学习就得到了解决。这样的做法既节约了教师板书的时间，缩短了教学时间，又把一些抽象的知识点用动态的PPT展示了出来，使学生理解知识点变得简单一些，让学生能有多一点时间消化和巩固知识点，也对提高课堂教学效率起到了一定的作用。微视频资源成为优化课堂设计中重要的组成部分。

三、结束语

随着社会和科技的进步，微视频这种模式的教学将会越来越多。不同的类型的微视频资料可以从不同的方面来提高学生的英语学习兴趣，而且学生的学习方式变得多元化，让学生不会觉得单调乏味，从而使学生主动、积极地参与到英语学习中。我们要利用微视频的特点和优势，针对学生的情况，避开传统英语教学模式的弊端，将微视频教学资源的优势发挥最大的作用。

参考文献

［1］中华人民共和国教育部.义务教育英语课程标准（2022年版）［M］.北京：北京师范大学出版社，2022.

［2］王燕利.微视频教学资源在初中英语课堂教学中的应用［J］.智力，2021（33）：148-150.

［3］郭雪.微视频资源在初中英语课堂教学中的运用［J］.中学生英语，2019（20）：146.

［4］商学芬.微视频教学资源在初中英语课堂教学中的应用思考［J］.中学生英语，2021（24）：153.

（本文作者：阳山县教师发展中心　朱志芳）

运用拼音优化初中英语语音教学的策略研究

英语教师大多会有这样的教学经验：学生对英语失去学习兴趣往往是从不会读单词开始的，而单词不会读，归根结底是音标不会读。学生在小学阶段学习英语的时候没有进行系统的语音学习，因此，在初中阶段给英语学习带来了一系列的弊端，如一些学生在课文的句子或单词表的单词旁边标上一些汉字来辨认那个单词的读音。

如何克服这一弊端，使学生有效地学好英语单词呢？我结合多年的英语教学实践，总结出"利用拼音教语音，帮助学生学好单词"的教学方法，在课堂教学中，为学生营造一种轻松愉快的学习环境和氛围，激发他们的学习兴趣，让英语学习变得轻松快乐起来。

一、汉英对比，学习英语单词

学生在刚接触英语的初期，学习起来是需要一根拐杖来帮助他们的。因此，用汉字读音来标记单词的读音就帮了他们的忙。鉴于这种想法，我在单词教学中大胆使用汉语拼音比较法进行教学。例如在学习book这个单词时，我告诉学生［b］、［k］与汉语拼音的b、k的发音很相似，但是稍有不同。于是我将相似的音素和汉语拼音各读几遍，让学生仔细辨析它们之间的异同。并且告诉学生，实际上，汉语拼音的b、k里面包含了英语音素［b］、［k］的发音，只要把汉语拼音后面的［e］音去掉，把音读轻一点就可以了。通过这样一比较，再把发音时的口型大致讲解一下，学生就明白了，不会再发错音了。最后我将汉语拼音的声母、韵母和英语的辅音、元音罗列出来，让学生读拼音的声母和韵母，而我则读与之相似的辅音或元音，让学生感受它们的异同。然后让学生归纳拼音和音标之间的相同点和不同点，让学生轻松地学会音标，为今后轻松的学习单词打下良好的基础。

通过这种汉英对比法学习英语单词，学生在学习单词时，消除了对新单词的恐惧心理，并通过语音联想很快就记住了单词的发音，久而久之，他们读单词、读课文的热情和积极性也随之渐渐高涨。尽管如此，我在教学时大都采用逐渐渗透正音，而不是强制集中学习。因此，我在教学工作中非常重视指导、纠正学生的发音。开始时，工作是烦琐的，但是学生觉得这样学习单词和句子新鲜有趣，就非常愿意积极去尝试，在这个过程中逐渐摸索出学习英语语音的有效方法，从而实现了从汉语拼音到英语音素的完美转换。

二、循序渐进，由浅入深

先学习辅音字母在单词中的发音，后学习元音字母在开闭音节中的发音，接着学习字母名称音及字母组合发音，最后是根据发音书写单词。按字母、字母组合的发音规律拼读、拼写单词，培养学生见词能读、听音能写的能力。单词拼音教学有三个基本环节。

（一）单个辅音与元音的直接拼读

如教bag和map，先出示b、g、m和p等字母，但不教字母名称［bi：］、［dʒi：］、［em］、和［pi：］，而是直接读音［b］、［g］、［m］、［p］；同样，出示字母a，教学生念［æ］；然后出示单词，借助汉语拼音产生正迁移，学生很快就能读出这两个单词［bæg］和［mæp］。

（二）指导学生区分五个元音字母在开、闭音节中的发音

相对辅音来说元音的教学比较难，但只要按部就班，同样可以迎刃而解。五个元音字母的发音教学按先闭后开的原则，先讲清五个元音字母 Aa，Ee，Ii，Oo，Uu，在闭音节中的发音要领：/eɪ/—/æ/—Aa，/i:/—/e/—Ee，/aɪ/—/ɪ/—Ii，/əʊ/—/ /—Oo，/U:/—/ʌ/—/ʊ/—Uu。再根据元音相当于汉语拼音中的韵母，与辅音结合进行拼读教学，如教/e/时，可以拼读含/e/的单词，如bed，先拼/b/—/e/→/be/，再拼读 /b/—/e/—/d/→/bed/，让学生明白英语的单词拼读和汉语拼音拼法相似，一样易学。开音节中的发音教学在闭音节的基础上进行，拼读也与闭音节相似。

（三）辅音和元音字母组合的拼读

在完成字母名称音教学后，可以进行字母组合教学，字母组合的发音可以分为规则与不规则，比如一般情况下只发一种音如 sh→/ʃ/、ck→/k/、ph→/f/、dr→/dr/、tr→/tr/、ts→/ts/、all→/ɔ:l/、ar→/a:/、qu→/kw/、ng→/ŋ/、ee→/i:/、ey→/i:/、oor→/ʊə/等。另外把一般情况下只发两种音的也列入规则之内，如 ch→/t ʃ / /k/、er→/ə/ /:/、th→/ θ / /ð/，ow→/əʊ/ /au/，oo→/u/ /u:/，wh→/w/

/h/，ere→/ɪə/ /eə/等，让学生先掌握其常见发音，然后再分散巩固，接着在教学中渗透，再放手让学生总结很多元音音素是由两个或两个以上字母组合而成的。学生掌握了这些字母组合的发音，拼读、记忆单词就方便了。如出示字母组合ar和ir，让学生学习发音〔ɑː〕、〔ɚː〕后，再出示单词farm，park，car，girl，shirt，bird，学生很快就能拼读出来。

三、在词汇教学中 "以旧带新"，渗透语音教学

利用复习旧单词引出新单词，既可以锻炼学生的记忆能力，又可以简化新单词的教学。例如：教学单词pair时，我们可以先复习hair，然后将h改为p，这样学生就会产生音形之间的联想，也就很快地掌握了单词pair。此后，在教学单词hall、few、toy时，我先出示单词ball、new和boy，然后学生很快就能拼读出这三个单词。最让我欣喜的是部分学生还能根据我这一 "以旧带新"的教学方法，自己从中摸索出记忆英语单词的好方法。一个叫Lisa的女学生高兴地告诉我，她记忆单词有窍门：如记住了单词box，也就很快记住了单词fox；记住了单词ball，也就很快记住了单词tall、hall和small；记住了单词tea、father和mother，要记住单词teacher、grandfather和grandmother也就事半功倍了。难怪她每次听写单词都能全对。为此，我还邀请她在班上介绍自己的学习经验，同学们都很感兴趣，并且也学着用这种方法来记忆单词，现在他们都不再抱怨单词难记了。

通过运用这种拼音教语音的方法，能够较快地培养学生见单音节词及部分双音节词能读，听词能写的能力。这种方法不仅从第一个单词起就要求学生独立拼读、记忆，更重要的还能使学生一开始就有能独立拼读出新单词的成功感、满足感，从而激发学生积极参与英语学习的兴趣，促进良好学习习惯的形成，培养学生英语探究性学习的信心和能力，让单词学习变得轻松快乐起来，为进一步学习英语打下良好的基础。

（本文作者：阳山县太平中学　邓佩珍）

核心素养背景下的初中英语听说高效课堂研究

在初中英语教学中，教师经常不自觉地采用传统的教学方式进行训练，忽视了英语的听说训练，所以无法达到新课程改革的要求。本文通过我自己的教学实践，探讨如何改变教师的教学理念，改革教学方式，加强初中英语听说训练等。要提高学生的听说能力，就要能够把课堂的教学与课外的练习结合起来，创造各种机会进行英语听说的训练，教师要改变传统的灌输式教学方式，要把学生作为学习的主体，因材施教。

一、英语听说能力与高效课堂间的关系

当前教学已经充分体现了英语听说能力为主的指导思想，想学好英语，首先就要重视英语的听说训练，要能够听懂，才能够在这个基础上进行写作和阅读，所以，英语的听说能力是重要的保证。在英语教学当中有一些不能够用语法规则讲清楚的句型，存在一些汉、英思维的差异，在这种情况下，如果听不懂，就不会读、不会写。所以学生在学习英语的时候要多读、多听、多说，才能够记住英语的意义，教师要把英语听说能力的训练放在首要位置，并且贯穿到整个的学习过程当中。

高效课堂也被称为有效课堂、积极课堂，是相对于低效、无效课堂而言的，其并没有权威、统一的内涵。对于高效课堂意义，可以从四个方面进行分析：第一，效率性课堂。这里的高效课堂就是高效率的课堂，以最小的教育成本换取最大的教育收益，比较常见的评判标准就是学生的知识量以及考试成绩的提高。第二，效果化课堂。这里的高效具有泛化的特点，除了是教学中包含的知识、技能，也涉及很多非智力因素，如课堂氛围活跃、情感熏陶、价值观端正等。也就是在评价课堂教学效果很好时，不只局限在教育学的直接相关层面上，也可用作对课堂教学中的工具、条件以及场景等反馈中。第三，效益性课堂。基于学生反馈判断效益的高低，涉及学生受到的影响而形成的收益程度，如兴趣、思维、道德品质、习惯等。第四，发展性课堂。将高效内容延伸

到时间维度，不仅要获取知识，也需要学会学习、掌握方法，以目前的情况为基础向前持续发展。

在高效课堂的教学模式中，不同听说能力的引领方式是有差异的。从整体上而言，语言能力、学习能力是显性引领的，如语言能力要通过听说读写看等方式理解、表达意义的能力和学习、使用语言时形成的语言意识、语感。这要求不管是效率性、效果性，都能够满足课堂。再如，学习能力，学生要积极应用、主动地调适英语学习的方式策略，拓宽学习渠道，提高英语学习效率的意识能力。这归属于发展性课堂的范围。文化意识、思维品质与高效课堂是一种隐性相关状态，要通过英语听说课的方式进行转化。

二、初中英语听说课堂教学的现状

首先，受应试教育的影响，大多数初中英语教师更为关注学生的英语成绩，大部分教师的教学目标在于完成课堂知识目标，课堂上使用更多的时间将词汇知识、复杂的语法讲解给学生，忽视学生听说的训练。

其次，英语听说课教学中，教师在教学中忽视学生学习需要、学习兴趣的情况，通过集体、机械化教学方式取代听说训练，导致学生英语听说训练的效果不佳。课堂上学生很少有机会自主表达，虽然学生跟随教师的思路能够减少自己学习中走的弯路，但是这也影响了学生对于语感的体验，学生主要通过死记硬背的方式记忆英语知识点，很少有自主思考、思维的过程。

再次，初中英语课堂教学的时间是有限的，要想在有限的时间内讲授更多的任务，对教师的能力水平是极大的考验。一些英语教师为了"高效"地完成英语教学任务，通常通过灌输式的方法进行教学，教师单独讲述，或是师生一问一答，师生、生生间的互动不足，也很少有学生能够表达自己的想法，师生间的真正对话不足，学生只是被动机械地记忆知识，这限制了学生创造性思维的发展，听说训练成为空谈，也不利于高效英语课堂的构建。

最后，对于初中英语教学而言，听说教学需要以英语环境作为保障，初中阶段的学生是通过汉语进行交流的，很少有机会和场合说英语，英语课堂是学生听说训练的主要场所，但有些初中英语教师素质水平不高，专业水平有限，为了上课更加省时省力，在课堂上更多地利用汉语讲授知识，同时课外实践活动不足，学生缺少使用英语的情境、氛围，听说训练严重不足，影响英语听说高效课堂的建设。

三、提升初中英语听说高效课堂的意义

首先，满足时代对初中英语听说教学的实际需要。如今时代快速发展、社会进步，世界间的联系、人们间的交际更加密切，英语成为世界沟通的语言，这使初中学生英语听说能力的强化和提升面临更高的要求。为此，要积极提高初中英语听说课堂教学的有效性，高效性，强化学生的英语听力、口语交际能力，满足时代发展需要，也使学生具备适应未来社会发展的能力和实力。

其次，促使初中英语听说教学进一步优化创新。随着教育改革的推进发展，教学理念、模式也应积极完善。过去初中英语听说教学形式与当前学生发展需要不相适应，开展科学化的初中英语听说教学，教师全面改善和优化英语听说教学的目标、内容、措施、方法等，让初中英语听说教学呈现出全新的态势，也为听说高效课堂的构建奠定坚实的基础。

最后，使学生的个性化发展需求得到满足。随着新课程改革的推进，学生在英语课堂中的主体性更加凸显，英语听说教学中，学生可结合自身实际对发展规划进行制定。核心素养下，强化初中英语听说教学的高效性，能够尊重学生学习中的主体性，将以生为本的教育理念落到实处，让教师结合学生学习需要、能力等对听说教学策略进行调整，为学生的个性化发展提供好的环境氛围。

四、提升初中英语听说高效课堂策略

（一）优化英语听说环境氛围

对于初中英语教学，为实现良好的听说教学，提升高效的听说课堂，需要教师先转变教学理念，打破传统理念的束缚，尊重学生在课堂上的主体地位，学生不再被动地接受知识，教师也不只关注学生的英语成绩，而是促使学生英语听、说的共同进步。要做到这一点，需要教师积极优化英语听说氛围，让学生在轻松、舒适的环境中主动地学习英语知识，并顺利实现英语教学效果。对于初中学生而言，他们的好奇心很强，对于有意思的事物十分感兴趣，所以趣味、生动的课堂氛围必然会吸引学生的注意力，使其充满热情地投入英语学习中，并在学习过程中感受英语的魅力，真正热爱英语，愿意听英语、说英语，熟练地掌握英语。

（二）优化英语听说目标设置

初中阶段的学生有着明显的个性特点和兴趣爱好，其英语认知能力、学

习水平也是不同的。为了更好地强化学生的英语听说能力，需要先科学地设置英语听说学习目标，从初中学生的实际情况出发，科学设置多元化的教学目标，给予学生更多学习英语知识的机会和渠道，使初中学生的英语表达、文化意识等得到全面提升，挖掘学生的英语学习潜力，促进初中学生英语学习水平的提升。如，学习Topic 1 we will have a class fashion show Section A时，为更好地培养学生的英语听说能力，要科学设置教学目标。首先，语言知识目标。让学生在听说训练中有效掌握如下单词：discuss，meaning，skin，material，function，sportswear，easy-going并通过听说训练灵活的运用so...that...及such...that...等句式。情感态度价值观目标，在实际的英语听说训练中，结合本单元的着装常识为他人提供着装建议，在学习中强化学生的英语听说等能力。这些英语学习目标的制定是与当前学生认知相适应的，能够进一步提升学生的英语听说能力，更好地培养学生的英语核心素养。

（三）加强与实际生活的联系

核心素养要求强化初中学生的英语听说能力，为了拉近学生与英语之间的距离，教师可以充分运用教材中与学生现实生活密切相关的内容，挖掘学生的日常知识与能力，科学地开展英语学习，让学生对英语学习产生浓厚的兴趣，积极主动地参与到英语听说学习中，并实现良好的学习效果。例如在学习Topic 1 We're going on a three-day visit to Mount Tai Section D时，教师先带领学生复习SectionA—C的内容，并导入新课，教师提出关于王老师的学生为旅游做准备的问题：What did the students discuss before their traveling?Who booked the train tickets to Mount Tai? Who made hotel reservations? How did they raise money? 等，大部分学生对旅游的相关注意事项、流程是比较熟悉的，教师可以将学生划分为小组，让学生利用自己已有的旅游经验和对以上问题的研究，提出明天将有一批重要的客人到学校参观，请学生们为他们安排行程，包括时间、地点、活动等，学生小组交流讨论，并进行汇报，最终评选出安排设计最优的小组。在此过程中，教师可以就各小组的安排进行提问，学生用英文进行回答，让学生在英语听说中感受到学习的快乐，也使学生的核心素养得到提升。

（四）优化听说教学模式

积极优化传统英语听说教学模式，以更好地激发学生的英语学习兴趣，使其主动地参与到英语听说学习中，实现高效的课堂教学。教师可以组织学生进行英语演讲、脱口秀等活动，提高学生英语学习的兴趣，也让学生实现个性化的发展进步。教师可以在教材学习的基础上，让学生自己选择喜欢的、感兴趣的主题进行英语演讲，如在学习Topic 3 Many things can affect our feelings 后，教师就可以让学生选择主题中某一个section的某个部分进行演讲，学生可以自己到网络中收集相关信息、资料，组织语言，并将在课堂运用英语演讲。这种方法下，学生都会获得表现的机会，能够真正发挥出自身的优势作用。如有的学生以How to keep healthy? 为主题，并通过多媒体课件辅助演讲，不仅凸显出了学生在课堂上的主体地位，也有助于学生英语表达能力的强化。同时，让其他学生认真听演讲，提出演讲中的不足、失误。或是针对演讲内容向其他学生提出有关问题，让其他学生思考回答。在这种方法下，学生的听说能力能够得到有效的锻炼，有助于学生英语核心素养的提升。

五、结束语

听说教学在初中英语教学中占有十分重要的地位，是初中教师需要关注的重点问题，要重点培养学生的英语听说能力，实现学生的全面进步。教师要摆脱传统英语教学理念的限制，将听说能力培养作为英语教学的重点，并发挥学生在学习中的自觉性、自主性，全面提升学生的英语听说能力，并通过科学化的教学方法，顺利实现初中英语听说教学效果，构建高效的听说课堂。

参考文献

[1] 曾丽红.核心素养下的初中英语听说课教学策略 [J].教学管理与教育研究，2022（22）：49-50.

[2] 龙丰.基于学科核心素养培养的初中英语听说课教学 [J].校园英语，2022（21）：97-99.

[3] 严筱红.初中英语听说课教学与学生核心素养的培养与思考 [J].新课程，2022（19）：56.

[4] 王晓燕.核心素养下如何有效构建初中英语听说课的探究 [J].新课程，2022（15）：48.

（本文作者：阳山县韩愈中学　吴广蕾）

行为体验式教学在山区初中道德与法治课堂中的应用

在教育部提出的关于《义务教育道德与法治课程标准（2022年版）》教学实践的教学意见中提到了："丰富学生实践体验，促进知行合一。要积极探索课题型、体验式、项目型的各种教学方式，引领学生进行实践，提升感受和建构。要通过热点分析、角色扮演、情景体验、模拟活动等方式，引领学生进行独立探索和互动研究，提高自己的水平，学以致用，知行合一，帮助学生了解社会。"

道德与法治教学是以学校的活动为依托，以学生人格养成为基础，推动学生社会化成长的过程式综合教学。我认为课堂教学的着眼点除传授必需的道德与法治基础知识之外，还应该借助活动实践提高学生自己的感悟，实现情感意识的提升，进而真正地由感到发，提高课堂的有效性，实现立德树人的基本宗旨，我从学生生活实践中具体的课堂场景入手，创造性地实施行为体验式教学，有助于更好地培养学生的学科素养。

一、行为体验式教学活动要解决的现实问题

现阶段山区初中道德和法治教学中尚存在下列现象：脱离学生的生活实际，重"一言堂的说教"；课堂上缺乏有效的师生交流，课堂都在被动式的进行教学，课堂动力不足，课堂积极性不高，教师没有激趣、体验、明理的导行意识，课堂的有效性不高，教师方式与手段都相对简单，滥用PPT，整节课像放电影一样，看似行云流水，实则无效之举，这些忽视了学生合作探究，缺少行为体验的参与。

我提出实施行为体验式教育，对于改变以上问题有着很大的积极意义。行为体验式教学要求老师在研究教材内容和目标要求的基础上，抓住校情和学情，根据山区初中学生的心理特点和认知规律，采用科学合理的活动设置，给学生创造快乐的教学氛围，激发学生积极参与、感受教学内容，将学习与生活实际相结合，培养学生的学科素养，有利于学生的社会性成长。

二、行为体验式教学活动开展的原则

（一）挖掘教材中有效的行为体验点

教材是教师教学的主要资源，是教与学的主要依据与载体。教师应该先要仔细研读和剖析，了解并把握教材内容的设计与编制意图，挖掘出哪些知识点可通过行为体验更能展现学生的认识效果。即教师要确定那些内容需要创设行为体验活动，那些内容不需要创设行为体验活动，通过筛选比较，避免无目标的盲目性，更不能简单地为了行为体验而体验，导致达不到预定的教学效果。

（二）关注学生个体间的交流

学生良好素质的建立来自自身对人生的理解、经历与感受，因而以其已有的人生经历对思想道德和法制课堂教学的建设有着巨大的作用。开展行为体验式教学要以自身的心态体验世界，以自身的方法研究世界，并以此为依据，充实他们的生命。为学生提供一种和谐、自由平等的文化教学氛围，可以有效地拉近师生的距离，增进感情，从而推进课堂教学的有序开展。

三、行为体验式教学的操作模式

初中道德和法治课程中，我们提出的体验式教学模式设计可以分成三个进阶：前期实践—内化感受—践行体会。这三个步骤按照教学原则，在创造的环境中实现自由探索，最后形成情感认知。一个人只有在积极、自愿地从生活中亲身感受才能得到真正的体验，也才能真正地认识理解社会和体会亲情。

以统编版道德与法治八年级上册第三单元第七课第一框题《关爱他人》为例，这部分内容旨在一是引领学生明白关怀别人是一种很快乐的事情；二是引领学生了解关爱他人也是一种艺术，要注意的方法。

在这一课的教育过程中，首先老师给学生观看学生打电话问候父母生活的录像，通过视频可引发全班同学的内心共鸣，学生会不由地对照自己，暗暗地也在反问自己："我是否都记得父母的生日？我曾打过电话问候父母生日没有？"让学生有个简短的思考时间。其次在内化阶段，让学生小组成员间互相询问和交流分享，并说说为什么要关爱父母？感悟关爱父母真的是一件很幸福的事。最后在践行体验阶段，让学生代表在课堂用教师提供的手机免提形式即席给自己父亲或母亲打电话问候祝福。这不但实现了回归学生的目标，也使学生获得一个表现自己的平台，提高了其表达能力。整节课采用三步走的行为型体验式课堂操作方法，可以让学生在课堂中认真地考察、对照、反思、沟通和共享，从而形成思维情感交流，并运用活动经验来解答日常生活中的具体难题。

四、行为体验式教学策略

初中道德与法治课是一种以学校的活动为背景，促使学生优秀人格养成与社会化发展的综合教学。在课堂活动中恰当的采用行为体验式教育常常能获得意想不到的成效。行为体验可以增进认知，改善课堂行为；学生行为体验可以增强道德意识，内化课堂行为。所以在教学活动中，按照教学任务的需要，精心设置适合学校实际并富有操作性的行为体验项目，可以活跃课堂气氛，最大程度的激发学生的积极性，进而提高课堂效率，达到知行统一。

以统编版道德与法治七年级下册第四课中二框题《情绪的管理》为例，这一节课的主旨引导学生在现实生活中怎样在适度地范围内以恰当的方式把握好自己情绪的表达。所以，教师可采用生活行为体验教学。如导入环节，教师问："你们平时看见过大人们见面握手吗？""他们是怎样握的？"引发学生的联想与思考。

教师接着说："你们想不想和课堂中的同学握一握手呢？"

学生异常兴奋："想"。

教师接着又说："让你们与同性同学握手应该不成问题，那敢不敢和异性同学握手呢？"

顿时课堂一片寂静。

教师开始鼓励学生："估计这将会对你留下难忘的记忆，要好好抓住这个难得的机会。"

教师再接着让学生推荐一个男同学和一个女同学上前来给大家展示握手情节，一开始两位同学脸红都不敢第一个主动伸出手来，最后在座位上的同学两次热烈的掌声鼓励后终于握手成功。

教师借势而问，让两位学生分别说出自己的情绪变化，都说一开始好紧张好害怕，后来就放松了也感到很开心。

通过生活行为体验的创设主要是针对学生产生的好奇心理，把现实生活中真实的一面引入到课堂，进而把情绪表现得淋漓尽致，增强了学生的真情实感。

　　总而言之，初中道德和法治教学应该以学生为主体，心中永远装着学生，用学生感兴趣的方法，营造一种有利于行为体验的良好环境，换位思维，进入学生的心灵，用心和他们对话交流，用行为体验在课堂演绎人生，让他们与教师一起在课堂中找到真正共同的快乐。

参考文献

中华人民共和国教育部.义务教育英语课程标准（2022年版）［M］.北京：北京师范大学出版社，2022.

（本文作者：阳山县教师发展中心　谭运林）

后　记

　　校本教研作为一种促进教师专业发展和学校教育质量提升的重要途径，已经在教育领域得到了广泛的关注和实践。本书通过对课堂改革的实践与探索，旨在为广大教育工作者提供一些新的视野和思路，以推动校本教研的深入开展。在本书的结语部分，我们对全书的主要内容进行回顾和总结，并对未来的研究方向和实践提出一些展望。

一、主要内容回顾

　　首先，本书阐述了课堂改革的时代背景与意义，强调了课堂改革在适应社会发展需求、提升教育质量、培养创新人才以及推动学校文化建设方面的重要性。接着，本书深入探讨了校本教研在课堂改革中的角色，指出校本教研作为推动课堂改革的重要力量，对于提升教育质量、促进教师专业成长和团队合作、关注学生个性化发展和全面发展以及推动课堂改革与学校文化建设深度融合等方面的积极作用。

　　其次，详细论述了课堂改革的理论基础，包括新课程理念与课堂改革、核心素养与课堂改革、"三主"理念与课堂改革等，这些理论为课堂改革提供了坚实的理论基础，指导着教学实践的开展。

　　在课堂改革的具体实施上，本书着重介绍了几种典型的教学模式，韩愈中学"二五一"思行课堂模式、黄埔学校"导融"诚正课堂模式、太平中学"三段四环"敏行课堂，这些教学模式旨在打破传统的教学框架，以学生为中心，激发学生的主动性和创造性问题导向学习，提高教学效果。

　　最后，本书重点探讨了课堂改革的实践与探索。通过对课堂教学的改革实践进行案例分析和经验总结，提出了一些具有创新性和可操作性的课堂改革策略和方法。这些实践案例不仅展示了校本教研在课堂改革中的重要作用，也为其他学校和教师提供了借鉴和参考。

二、研究成果总结

通过对本书内容的回顾，我们总结出以下四个方面的研究成果。

（一）深化了对课堂改革的认识

本书对课堂改革的背景、意义、理论基础和实施策略进行了全面而深入的探讨，使读者对课堂改革有了更加清晰和深刻的认识。通过梳理和归纳，我们进一步明确了课堂改革的目标和方向，为教育实践提供了有力的理论支撑。

（二）突出了校本教研在课堂改革中的重要作用

本书详细论述了校本教研在课堂改革中的角色和作用，强调了校本教研在推动课堂改革、提升教育质量、促进教师专业成长和团队合作等方面的积极作用。通过案例分析和经验总结，让读者更加深刻地认识到校本教研的重要性，为学校和教师开展教研活动提供了宝贵的经验。

（三）提供了丰富的课堂改革实践案例

本书通过介绍几种典型的课堂改革教学模式，展示了课堂改革的实践成果和经验。这些案例不仅具有创新性和可操作性，而且为其他学校和教师提供了借鉴和参考。通过学习和借鉴这些案例，读者可以更好地理解和实施课堂改革，提高教学效果和学生的学习质量。

（四）提出了具有创新性的课堂改革策略和方法

本书在总结和提炼实践经验的基础上，提出了一些具有创新性和可操作性的课堂改革策略和方法。这些策略和方法包括以学生为中心的教学设计、以问题导向的学习方式等，旨在打破传统的教学框架，激发学生的主动性和创造性，提高教学效果和学生的学习质量。

三、未来研究展望

展望未来，课堂改革将继续深入发展，校本教研也将发挥更加重要的作用。为了推动课堂改革的深入实施和校本教研的深入开展，我们需要从以下四个方面进行努力。

（一）加强理论研究和实践探索

我们需要继续加强课堂改革的理论研究和实践探索，不断完善和丰富课堂改革的理论体系和实践经验。同时，我们还需要关注国际教育改革的最新动态和趋势，借鉴和吸收国际先进的教育理念和教学方法，为课堂改革提供新的思路和方向。

（二）加强教师培训和团队建设

教师是课堂改革的关键力量，我们需要加强教师的培训和团队建设，提高教师的教育教学水平和专业素养。通过组织各种形式的教研活动和教学研讨活动，促进教师之间的交流和合作，激发教师的创新精神和教学热情。

（三）关注学生的个性化发展和全面发展

我们需要关注学生的个性化发展和全面发展，尊重学生的个性差异和兴趣爱好，为学生提供多样化的学习机会和发展空间。同时，我们还需要注重培养学生的创新精神和实践能力，通过开展丰富多彩的课外活动和实践项目，激发学生的学习兴趣，提高他们的积极性。

（四）推动课堂改革与学校文化建设的深度融合

课堂改革不仅是教学方式的改变，更是学校文化建设的重要组成部分。我们需要推动课堂改革与学校文化建设的深度融合，形成具有自身特色的教学理念和教学模式，营造出积极向上、富有创新精神的校园文化氛围。这种文化氛围不仅能够激发学生的学习兴趣和潜能，还能够提升学校的整体形象和品牌价值。

校本教研是一个不断发展和创新的过程。我们应不断总结经验，探索新的思路和方法，推动校本教研的深入开展，为提高教育教学质量、促进教师专业发展做出更大的贡献。